大阪王将の「超える」経営

［著］
文野直樹　陶山計介
FUMINO NAOKI　SUYAMA KEISUKE
［執筆協力］
伊藤佳代
ITO KAYO

幻冬舎MC

はじめに

始まりは町の中華屋でした。

1969年9月、大阪市の京橋駅近くの裏通りにできたわずか5坪の店舗から「大阪王将」の歴史は幕を開けたのです。〝おなかいっぱい餃子を食べて明日を元気に！〟を合言葉に、気づけば54年の歳月が流れました。

いまや世界に450店舗以上を展開するまでに成長し、餃子のほかにラーメン専門店やベーカリーカフェなど新しい業態開発にもチャレンジを続けてきました。現在、外食事業の売上高は130億円近くとなっています。

1993年からは食品事業にも参入しており、主力商品の冷凍餃子は多くの消費者に支持され、現在は冷凍餃子市場のシェアの3割強を獲得するまでに躍進しています。外食事業だけでなく食品事業で確固たる地位を確立したことで、大阪王将はさらなる成長を遂げることができました。この食品事業があったことで、多くの外食企業が窮地に陥ったリーマンショックやコロナ禍、昨今の原材料高など幾多の困難も乗り越えることができたのです。

この54年、大阪王将は常にその時々の地位に安住することなく、時代の流れに「しなやかに」対応しながら、今の自分たちを「超える」ことを目標に事業を拡大してきました。代替わりを経てもその意思を貫いてきたことが、現在の成功につながっています。本書のタイトルにもある「超える」というキーワードは、まさしくそれを言い表したものです。

小さな町の中華屋からスタートし、地域を「超えて」チェーンを広げてきました。さらに外食業界を「超えて」食品業界に参入し、外食と食品という〝両輪事業〟に基づく「食のライフプランニングカンパニー」としての基盤を固めてきたのです。試練に直面したり、成長の踊り場を迎えたりするたびに、羽根つき餃子など数々の既成概念を「超える」ヒット商品を連発し、コロナ禍の逆境では組織改革を断行して未曽有の危機を「超え」ました。さらにイートアンドという新社名のもと「＋&の発想」を軸とし、食を通じてすべてのステークホルダーの幸せを創造すべく、新たなブランディングを進めてきました。従来のブランド戦略に加えて社内への理念の浸透をはかるインターナルブランディングを徹底し、過去の自分たちをも「超えて」きているのです。今は、１００年企業を目指して「超え」続けていく体制をスタートさせています。

常に「超え」続けることを追求する「しなやかな」戦い方こそが私たちの真髄であり、それによって時代や社会の変化に打ち勝ってきました。

本書は、半世紀を過ぎてなお成長を続ける会社の軌跡をたどり、困難にあっても前を向いてひたすら貫いてきた「超える」戦略展開を詳しく紹介するものです。

本書の執筆にあたっては、日本のブランド研究のパイオニアであり関西大学名誉教授の陶山計介先生とインターナルブランディングの専門家である伊藤佳代先生の薫陶を受けました。お2人の知見も交えて、企業の成長と逆境に強い組織づくりの秘訣を明かします。

本書が一人でも多くの経営者や管理職、起業を目指している人たちのお役に立てれば、著者として望外の喜びです。

2024年1月

著者を代表して　文野直樹

大阪王将の「超える」経営　目次

［第1章］　町の中華屋から一大チェーンへ

地域を「超える」経営

［序　章］

開業数は多いが倒産数はさらに多い
飲食業界の厳しい現実

苦境が続く日本の飲食業界

２０２３年5月に新型コロナウイルスの感染症法上の位置づけが2類から5類へ移行したのに伴い、外食産業の客足は回復基調が続いています。しかし、国内はコロナ禍以前から少子高齢化の進行が止まらず、人口減少に伴う市場の縮小と人手不足が深刻化し、さらにロシアによるウクライナ侵攻後、原材料を中心としたさまざまな物品の価格高騰も続いています。こうした影響を受け、飲食業界は厳しい経営環境にあります。

実際にコロナ禍の頃の市場規模をみると、２０２１年の外食産業の全売上高は前年比98・6%、２０１９年比では83・2%と縮小しました。ちなみに２０２０年の売上高対前年比は84・9%と、１９９４年の調査開始以来、最大の下げ幅でした。（日本フードサービス協会「令和2年・令和3年外食産業市場規模推計について」）。

国内の飲食サービス業の企業数の推移を見ると、２０００年以降は明らかな減少傾向がみられます。総務省・経済産業省の「令和3年経済センサス—活動調査」によると、２０２１年6月1日時点の全国の「宿泊業・飲食サービス業」は42万２０００社で、前回

調査（２０１６年６月時点）の51万１８００社より17％減となっています。この減少の割合は業種別にみて最も高く、全産業合計（企業数３６７万４０００社、民間事業所数５０７万９０００カ所）の前回調査からの減少割合が５％であることを考えても非常に高い数値です。

これらの結果を踏まえると、コロナ禍が一応の収束となったことで日本を訪れる外国人観光客も増えつつあり外食産業にも明るい兆しが見えてはいますが、まだまだ楽観できる状況ではありません。

プレイヤーが多い飲食業界で続く、激烈なサバイバル競争

企業数自体が減少傾向にある一方で、飲食業は起業が比較的たやすい業種といえます。開業に際して必要な資格は食品衛生責任者と防火管理者、どちらも講習を受ければ取得できます。誤解されがちですが、飲食業は調理師免許をもっていなくても開業できます。国が起業支援の制度を充実させ、起業家を後押ししていることもあり、飲食業界は新規開業が多くなっているのです。

しかし、市場のプレイヤーの数が多いということは生存競争が厳しくなるということでもあります。民間の信用調査機関である東京商工リサーチによると、コロナ禍の影響を受けて飲食店の新設法人数は２０２０年に一時的に落ちたものの、２０２１年には元に戻り過去最多の７８１０社にまで増えています（東京商工リサーチ「２０２１年の新設法人数、苦境の飲食店が過去最多の不思議」）。

このペースで増え続けると、日本中が飲食店ばかりになってしまいそうですが、実際にはトータルで見た飲食店の数は決して増えていません。新規参入する店がある一方で、倒産に追い込まれるケースも多々あるからです。２０２３年１月から８月の負債総額１０００万円以上の飲食業倒産件数は５６９件で前年同期の３１２件に比べ82・３％増に達し、８月の時点で２０２２年の年間件数５２２件を上回っており、このままのペースで推移すると年間倒産数で最も多かった２０２０年の８４２件を上回り８５０件台に乗せる可能性すら出ています。

その背景にはコロナ関連融資などの支援策が終了したことに加え、人手不足や食材費、

電気代などの高騰があります。開業する人が多いものの、現実問題として飲食業界の苦境は続いており、今後も飲食業の倒産は増加傾向が続くと予測されます（東京商工リサーチ「飲食業倒産569件、2023年は8月時点で前年の年間件数を抜く　値上げも難しく年間最多を更新の勢い」）。

生き残りは至難の業になっている

他業種と比べて開業しやすいといわれる飲食業ですが、事業を継続していくのは簡単ではありません。中小企業庁『2022年版 小規模企業白書』によると、開業率（当該年度に雇用関係が新規に成立した事業所数／前年度末の適用事業所数）は2020年、5・1%、廃業率（当該年度に雇用関係が消滅した事業所数／前年度末の適用事業所数）は3・3%でした。しかし『2017年版　中小企業白書』によれば、「宿泊業、飲食サービス業」の起業3年後の生存率は88・1%ですから、1割以上が廃業に追い込まれていて生存率は一般に10年後に1割まで下がるというデータもあります。

飲食業で起業して失敗する理由はいくつも考えられますが、最大の理由は起業を安易に

考えていることです。飲食業は起業が比較的簡単なために、深く考えずに始めてしまうケースが多く見られます。

失敗原因としては資金計画が不十分なままで始めてしまい、資金不足に陥るケースがあります。一般的に、飲食業で開業し、経営が軌道に乗るまでには最低半年はかかるといわれています。そのため、あらかじめ6カ月分の運転資金を準備しておくことが必要ですが見立てが甘く、軌道に乗るまでに運転資金が底をつき、閉店に追い込まれてしまう例が多いのです。

あるいはマーケティング不足による出店エリアの不一致もよくあります。近くに大手企業の工場が多いためランチ需要があるだろうと見込んだものの、そもそも社内に食堂がありニーズがほとんどなかったなど、想定していたニーズのない場所に出店してしまうケースも少なくありません。

30年生き残る企業は全体の1％以下といわれ、たとえ起業したとしても生き残るのは至難の業なのです。

飲食業に求められる生き残りのための経営戦略

このように飲食業の未来予測は決して明るいとはいえません。そもそも日本は少子高齢化により人口そのものが減っています。人口が減るという事はつまり、飲食に対する需要も減っていくことになるのです。

そうした社会動向を踏まえると、今後の外食産業は大資本による低価格帯のチェーン店と、経済力・購買力のある顧客とのつながりが強い高級店という二極化の傾向が強まると予想できます。

大手チェーンなどでは厳しい市場環境の中で生き残るため、低価格化路線をさらに推し進めています。豊富な資金力で原材料費の高騰を吸収し、配膳ロボットなどを活用することで効率化や省力化によるコスト削減を進めているのです。

その一方で高級路線に舵を切る店舗は、手厚いホスピタリティと味へのこだわりで顧客を囲い込む傾向にあります。そしてこの戦略は、高級店ではなくても地域の人や常連客とのつながりを大切にすべきである個人店にとっても大いに参考になると思います。

いずれにしても、厳しい状況が続く飲食業界において明確な経営戦略を打ち出せない中途半端な店は、生き残りがより難しい時代であると認識しなければなりません。

大阪王将、イートアンドでは、個人店として誕生した大阪王将の時代から、外食事業と食品事業という「両輪経営」を行っている現在に至るまで、その時々で必要な戦略をとってきました。まずは創業当初――一介の町中華の店でしかなかった時代においても、一つの地域を「超えて」チェーン展開をすることを見据えて戦略を立てていったのです。

［第1章］

町の中華屋から一大チェーンへ
地域を「超える」経営

中華料理ではなく、餃子一本に絞る

大阪の京橋はＪＲ大阪環状線と京阪本線が交差し、駅前は活気にあふれる庶民的な飲食街です。その京橋駅前の路地裏に、創業者である文野新造により、１９６９年9月、「大阪王将」は産声をあげました。たった5坪の小さなお店でした。

新造は、もとは大阪の繊維商社の営業マンでしたが、繊維不況で脱サラを決意したのです。当時、遠い親戚が京都で「餃子の王将」を開業していました。今でこそ「餃子の王将」は私たちにとって「超えたい」存在ですが、当時はまだ1店舗、１号店の四条大宮店しかありませんでした。しかし、餃子１人前の価格は他店で80円程度だったのを50円で販売していました。しかも、他店よりも大きめの餃子とボリュームたっぷりの中華料理をアピールして早い時期から「価格破壊」を打ち出したのです。さらに、注文を受けたらすぐ調理して出す「スピード」を強調する一方、来店するお客様や店頭の通行人に餃子１人前無料券を配るなどして繁盛し、他店に比べ集客力に圧倒的な差がすでに出ていました。新造もそんな人気店から声をかけてもらい、半年ほど修業したのちに独立したなかで大いに

大阪・京橋に餃子専門店として創業

刺激を受けたはずです。だから屋号にも「王将」の二文字を入れました。

ただし、料理経験もない素人がわずかの修業で一人前の中華料理人となるのは不可能です。考えた末に新造は最もシンプルな餃子で行こう、大阪王将は餃子一本で勝負すると決めました。メニューを餃子に絞り、中身の具材を工夫し味にとことんこだわってお客様に焼きたてを出す――これならおいしいといってもらえる可能性がある、と考えたのです。当時の餃子の価格は「餃子の王将」と同じ1人前50円でスタートし、業界の中では割安でした。

この「餃子一本で勝負する」という決断

が今に至る原点となりました。幸いにも餃子はお客様から大変好評で商売も順調に推移したのです。

この決断には商社で鍛えられた営業マンならではのセンスが感じられます。飲食業界にはまったく縁のなかった人間だからこそできた英断でした。なまじ飲食業の経験があれば、餃子だけで商売が成り立つなどとは考えません。しかし、まず飲食業の中でも中華料理に絞り、もう一歩進んで餃子専業へと絞り込んだのです。当時は餃子専門店などほかにはなく競合もありません。

新造は既成概念にとらわれず、餃子単品で勝負するにはどうすればよいかを突き詰め、餃子をたくさん売りたいと、まず餃子の味を徹底的に磨き上げました。

突き抜けた独自戦略——無料券配布と10人前チャレンジ無料企画を展開

京橋の駅前に餃子専門店があると、店の存在をできるだけ多くの人に知ってもらいたいと願った新造にとって、宣伝をどうすべきかも課題となりました。開店したばかりなので広告宣伝にかける潤沢な予算などありません。そこで「餃子の王将」と同じく餃子の無料

券を配ることを決め、さっそく京橋の駅前で無料試食券を大量に配布すると予想を大きく上回る反響があったのです。

仮に無料提供する餃子の原価に相当する費用をかけて開店ＰＲチラシを配っても、それほど集客にはつながらなかったはずです。「店で示しさえすれば、ただで餃子を食べられる」券の効果は絶大でした。券のコピー代はわずかで済み、広告に比べ制作にほとんどコストはかからないのが利点です。餃子専門店の看板メニューが1人前無料になるアピール効果は大きく、販売促進ツールとしても突き抜けた威力があったのです。

無料券の配布ターゲットは電車通学の途中の男子高校生や大学生です。若者の多くはいつも空腹で、小遣いもそれほどもらっていません。彼らにまず無料で食べて味を覚えてもらい、実際に安くておいしい餃子を提供していると印象づけようとしたのです。

やがて部活動帰りの高校生や大学生が大挙して押し寄せるようになり、短時間に満腹となって帰っていく店として大阪王将は有名になりました。店として単価は低いとはいえ、扱うメニューは餃子だけなのでオペレーションがシンプルです。常に満席でしかも若者主体ですから、食べる時間も短く回転も速くなります。いつ見てもお客様でいっぱいで、京

橋駅前の場末立地のなかではかなり目立つようになり、そうした事実がまた宣伝の相乗効果をもたらし、好循環を生み出していきました。

さらに、「制限時間内に10人前食べたら無料」のキャンペーンも展開しました。普通の大人なら一人ではちょっと食べるのが難しいくらいの量かもしれませんが、おなかをすかせた若者たちには苦にはなりませんし、人気メニューですから挑戦者には困りませんでした。難なく平らげる若者が相次ぎ、おかげでさらに口コミも広がり、客足が伸びました。

無料券と同様にこちらも、原価を考えれば費用対効果は絶大でした。新造はよく「量を倍にして、値段を半分にすれば、客は4倍来る」と薄利多売戦略の真髄を語っていたものです。

今から振り返れば成功すべくして成功したといえると思います。それを聞きつけた商社時代の同僚たちも「餃子専門店をやりたい」と話をしに来るようになりました。業務がシンプルで簡素な設備で開店できる餃子専門店ですから、当時は不況がさらに深刻化していた時代で転職を考える人も多く、こうしたニーズにも出店できる場所さえあれば対応できたのです。

日本初の餃子専門チェーン

かつての仲間からの依頼を受けた新造は餃子専門店である大阪王将のチェーン展開に乗り出しました。ターゲットを学生中心とするのだから通学で混雑する駅周辺へと出店するのが理にかないます。1号店の京橋駅前からの展開は、同じ大阪環状線沿線の駅チカ立地となりました。

チェーン展開するからには、商品の品質を均一に保つ必要があります。餃子の味はどこの大阪王将で食べても同じでなければなりません。品質保持のため餃子の具材は1カ所でまとめてつくる一方で、できたて、焼きたてのおいしさを保つために、具材を餃子の皮に入れる工程だけは、必ず毎日店内で作業するというルールにしました。

具を皮で巻いて決められたとおりに焼いて出す、これだけの単純作業であれば、素人でも少し練習すればできるようになりますから、指導も短時間で済ますことができます。新店舗の立地は環状線沿線に絞っているため、具材配送は環状線に乗って運べばいいわけです。時間・コストとも最小限に抑えながら配達でき合理的です。具材は、新造が当時住ん

でいた京阪本線沿線の大阪府枚方市の家に小さな製造スペースを設けてまとめて生産しました。

当時の１人前50円の値段はちょうど電車の初乗り運賃と同じぐらいで、現在に換算すると２００円前後といったところです。大儲けこそできませんが、それなりの稼ぎは確実に得られました。餃子を作ることに専念すればよいのですから、多くのメニューを提供する店と比べて仕入れる食材や調理器具の種類、調理の工程を単純化できたのです。

新造の商売は順調に成長していき、１９７７年には株式会社化を果たし、１９８２年には店舗数が１００店舗に達していました。

しかし、この頃から第二次オイルショック後の不況で外食産業も倒産が相次ぐなど、飲食業界を取り巻く状況が激変しつつありました。

私は１９８０年に入社し、大阪の梅田にあった店に勤務しましたが、売上が急落し始めていました。当時の私はまだ20歳ながらも、このままでは会社の先行きが怪しいのではないかと感じたものです。

町中華への転換に四苦八苦

餃子だけではもはや立ち行かなくなっているというのは現場に出ている者だからこそ分かる肌感覚でした。けれども、いきなりすぐに業態転換して中華料理全般の店を出せるわけもありません。打開策として考えたのが、餃子に似ていて既存の餃子用の設備でもつくれる中華料理、薄餅《バオピン》（小麦粉と水のみで作る中華風クレープ）や腸粉《チョンファン》（米粉で作った薄い生地で具材を巻いたもの）などの点心類です。餃子のように皮で具を巻いて焼いたり蒸したりしてつくる料理ならそれほど苦労せずにつくれます。今から振り返ればいかにも安易な発想でした。

味で選んだのではなく、作り方だけで選ばれた料理ですからおいしいわけもなく、当然売れません。炒飯に挑戦しましたが、中華鍋でつくる本格炒飯ではありません。市販されていた冷凍食品の炒飯を買ってきて温めるだけでした。そんなまがい物をおいしいと思ってもらえるわけもなく、日々お客様の顔を見ていると、このままでは駄目になると危機感を募らせました。

打開策を模索しているなかで、幸運にも町中華の店が大阪王将のチェーンに加入してくれました。その店は基本的な中華料理のメニューはひととおり提供していましたのでさっそく私は修業に行って料理を教わりました。同じ危機感をもっていた他の店長たちもこぞって修業に行きメニューの幅を広げていったのです。

けれども業態転換は簡単には進みませんでした。大阪王将のチェーンのなかには餃子専門店の成功体験にとらわれた人たちもいたからです。新しい革新的技術を自分たちには縁遠いものと軽視してしまう「イノベーションのジレンマ」は、よく知られた企業経営の理論です。まさに私たちもそのジレンマにはまっていたのです。餃子一本に絞って成功した、最初の体験のインパクトが強過ぎたために「餃子だけでは、なぜダメなのか」と餃子だけにこだわるあまりに思考停止している人たちが、社内に一定数いたのです。筆頭が新造と義理の兄でした。

皆、餃子一本では売上が下がり続けているという事態は認識していましたが、現実問題として生活に困るほどではなかったので危機感は薄かったのです。餃子専門店にはコストパフォーマンスの高さが何よりのメリットとしてありましたし、極めて低コストで経営が

回るシステムができあがっていました。売上は下がっているものの、直ちに倒産などという状況ではまったくないから、なかなか危機感を共有してもらえなかったのです。

東海に進出し新たな成長をつかむ

業態転換が進まないなか、まだ20歳そこそこだった私は何としても現状を打破する必要があると痛感していました。そこで新造に直談判し、独立して愛知県で自分の思うような中華料理店の経営に乗り出すと決めたのです。

愛知県を選んだのには、私なりの戦略がありました。一つには関西エリアにはすでに「餃子の王将」と、大阪王将がありますから、それらと競合しにくい違うエリアで勝負すべきだとは初めから考えていました。とはいえ関東と関西では、うどんやそばのつゆが濃い口か薄口かというように、食の嗜好が違うとよくいわれます。それに、いきなり地縁のまったくない関東などの首都圏に飛び込むのは得策ではないように思われました。そのため関西から近過ぎず遠過ぎもせず、人口が多いエリアとして東海地方を選んだのです。

自分の店をつくり、思いどおりの経営に取り組もうと、餃子一本で勝負してきたこれま

では違い、本格中華をフルメニューで出すことにしました。中華料理をつくるための修業は大阪でみっちりと積みました。

そのうえで、単なる従来の町中華との差別化を意識しました。立地は町中華の多い繁華街ではなく、あえて郊外型のロードサイドとしました。従来の町中華とは一線を画した存在感をアピールできます。さらに外装も原色の赤色や黄色を前面に出し、「いかにも中華」風ではなく、ちょうどその頃流行していた山下達郎のレコードジャケットのようなアメリカ西海岸風のイメージで統一しました。青い空と白いクルマが印象的だったレコードジャケットは、当時20代から30代の若者に圧倒的な人気を誇っていたのです。

そのイメージを参考に屋根を鮮やかな青色、壁を真っ白にしました。いわばアメリカンカジュアルな中華料理屋はとても珍しい存在で、まず外観で目立ちます。しかも中華料理のジャンルでありながらも、若いカップルから子ども連れまでをターゲットとしました。ただし味は本格中華を追求し、極め付きの差別化ポイントが手作り餃子です。

餃子には徹底的にこだわりました。2店舗で始め、うち1つに事務所と簡易プレハブながら餃子工場も併設し、餃子の具は大阪時代と変わらず毎朝手づくりします。工場といっ

ても大掛かりな機械は必要ではなく、脱水機とカッターとミキサーの３点セットがそろえば、餃子の具はつくれます。朝一番にキャベツを切るところから始めて、肉としっかり絡めた具を店舗に運び、仕上げは店舗で皮に手巻きをして焼いて出すやり方です。餃子の味は決して妥協しませんでした。

やがて「餃子がうまい店」として評判を得られるようになり、「他のメニューもおいしい」と地元のお客様から評価されるようになりました。まず餃子で好評を得るのは狙いどおりで、その後の展開も想定どおりとなったのです。勢いを得て東海地方での一大チェーン化を考えていたところに突然の転機が訪れました。

ジャンルを「超えて」フランチャイズを学ぶ

１９８５年に大阪に呼び戻されました。新造が引退するので、戻ってきてあとを継ぐようにといわれました。ただし、大阪王将全体をそのまま受け継ぐのではなく、餃子チェーン店は義兄が代表となり、私は子会社である大阪王将食品の代表です。チェーンに卸す餃子を製造するメーカーで、実態は枚方市にあった餃子工場です。この分離体制が何を意味

するのか、当時はよく分かっていませんでした。その後の展開を考えれば、まさに今の私たちの原点がこのときに誕生したとも考えられ、今はいくら感謝しても足りないぐらいです。

チェーンを継いだ義兄は頑固な餃子専門店主義者でした。新規出店してくれればその分だけ餃子が必要ですから、担当する餃子工場の売上も伸びます。けれども、餃子専門店が立ち行かなくなっているのは義兄も分かっているので、積極的に出店しようとはしません。当然、餃子の生産量は増えず、会社の売上も増えません。

20代半ばで血気盛んだった私には大きな夢がありました。まず事業を展開するうえで基本となる、顧客に提供する価値を「おなかいっぱいの幸せを」と定めていました。みんなに低価格でおいしい料理を提供することを基本として事業を拡大していきたいと考え、当時は大阪と東海地方だけにとどまっていましたが、いずれは全国で事業を展開したい、将来は海外にも進出したいと思っていました。しかし、当時の体制では成長は期待できそうにもありませんでした。

業態転換して新事業を展開するのか、商圏を変えるのか、それともまったく別のビジネ

スにチャレンジするのか。事業を成長させるために必要なことを探るために私は考え続けました。思考を巡らし、事業戦略の書籍を読み込み、町を歩いてリサーチに努めました。どんな店が繁盛しているのか、そのお客様はどのような人たちか、お客様は何に価値を認めているのかについても調べました。

自分にできるビジネス、自分の専門性を活かせる領域は何かと考えたとき、答えは飲食関係となります。ただ飲食関係はなにも中華料理だけとは限りません。むしろ中華などは飲食全般のごく一部にすぎません。飲食全般に目を向ければ、いくらでも勝負できるフィールドは広がっています。勝負するからには勝つためのノウハウが欠かせません。ノウハウをどうやって学べばよいかと考えました。

考えを突き詰めていった末にたどり着いたのが、飲食店のフランチャイズに加盟する作戦でした。飲食店としての基本はこれまでの経験で身につけています。だから、その先を学べばよいと考えました。成功しているフランチャイズからは多くの学びを得られるはずです。

数あるフランチャイズを吟味した末に、モスバーガーを選びました。中華料理からハン

バーガーへの転換となると、ジャンルがまったく異なってきます。店舗、導入する設備、店頭での接客、さらに客層は中華とはまったく違います。けれどもお客様に提供する価値は「おなかいっぱいの幸せ」で変わりません。この価値を提供できれば、喜んでもらえてリピートしてもらえるはずです。飲食業のエッセンスは不変です。

モスバーガーに加盟すると、フランチャイズシステムの完成度の高さに驚きました。モスバーガーと比べれば大阪王将は産業革命前の家内制手工業のレベルを出ていなかったのだと悟りました。

当時は80年代半ばで、今のようなインターネットを駆使した情報システムは構築されていません。それでもモスバーガーでは最先端の受発注管理体制がしっかりと敷かれていて、食材の店舗配送なども実に無駄なく統制が取れていました。そのシステムと比べれば、大阪王将の当時の受発注管理などはいわゆる〝3K〟（勘・経験・気合い）でなんとかするような、前時代的なレベルだったのです。

フランチャイズの真髄ともいえるモスバーガーのノウハウを学んでおけば、いずれ自分たちが事業を展開するときに必ず役に立つと確信し、さまざまなフランチャイズチェーン

に相次いで参加していきました。

習うより慣れろとばかりに、モスバーガーの次はベーカリーカフェのポム・ド・テール、ファミリー向けレストランのサンマルク、中古車買取専門店のガリバー、中古ゴルフ用品買取・販売専門のゴルフパートナー、寿司店の函館市場などさまざまな業種・業態のフランチャイズに参加し、それぞれのノウハウを吸収していきました。飲食とは異なる業種のフランチャイズにも参加した理由は、フランチャイズというシステムがよく考え抜かれたノウハウの塊だと実感していたからであり、どんなシステムからでも学べるのではないかという好奇心に駆られたからです。

なかでもサンマルクからはマーケティングでいうポジショニングの重要性を学びました。サンマルクはファミリーレストランとホテルのフルコース料理のニッチに狙いを絞り、「ファミリーダイニング」と呼ばれる、それまでの外食業界になかった斬新なポジショニングを打ち出して成功していたのです。その成功事例からは差別化がいかに重要であるかを学びました。

フランチャイズは創業者の思想と経営戦略を学べて、短期間で成功を疑似体験できる場

です。本当に得難い学びであり、この学びこそロイヤリティを対価として支払ってでも得たい価値だと私は考えます。

よく経営を学ぶならＭＢＡ（経営学修士）が最も良い、などといいます。しかし、それより実践的で最適な学びの場がフランチャイズだと思います。さらにフランチャイズの良いところは、自分がビジネスを展開する前提で学べば「自分ならこうする」、あるいは「このプロセスは、このように変えたほうが自分たちには合う」などと自分のビジネスにひきつけて学ぶことができることだと思います。

経営の理念や根本的な考え方についても勉強しました。業種や業態は異なりますが同じ大阪府枚方市出身で、蔦屋書店を枚方市で創業した増田宗昭さん（カルチュア・コンビニエンス・クラブＣＥＯ）からも大きな刺激を受け、私淑するほど深い学びを得ました。見本として学べる師をもつことは大切な成長のカギだと思うのです。

新たな人のつながり、「のれんチャイズ」を開発

新たにフランチャイズビジネスを展開するためには、担ってくれる人材が必要です。こ

れまでの中華とは異なる店を出すのですから、その業種の経験者が望ましいと考えて人材獲得にも取り組みました。それにはもう一つの狙いも込めていました。新しい知の導入です。今後、さまざまな事業を展開していくには、自分にはない知識や能力をもつ人材が絶対に欠かせません。町中華についての知識は誰にも負けないけれども、同じレベルの知識を異なる業種ごとに自分で身につけていくのは現実的ではありません。だから新たな事業を展開し、事業ポートフォリオ戦略を進めるためには、そのための人材が必要になるのです。新たに加わってくれた人材が、新たな視点をもたらして、企業としての幅を広げてくれます。

　優れた人材獲得は事業展開を考えるうえで極めて重要です。特に新規事業を次々に起こしていくためには、その分野のプロが欠かせません。良い人材はいないかと常に周りに目を配っておくことは経営者に欠かせない姿勢だと思います。

　１９９５年に入社し、ポム・ド・テールの運営や、サンマルクのオープンから全面的に関わってくれたのが、今のイートアンドＨＤ 常務取締役、大阪王将 代表取締役社長の植月 剛です。今のイートアンドグループを支える経営人材は、新しいチャレンジを続けた結

果だと考えています。

フランチャイズビジネスを続けるなかで、現状につながる極めて貴重な学びを2つ得ました。一つは大阪王将としてフランチャイズ展開する際のあり方です。単なるフランチャイズではなく、独自性のあるシステム、それも自分たちと加盟店がWin-Winの関係となるシステムが必要です。もう一つは、そのシステムを実現するためのカギが食材供給であるという学びです。

創業した時点ではフランチャイズビジネスなどほとんど意識していませんでした。少なくとも新造が社長を務めていた時代、義兄が引き継いだ際もほぼ同じだったはずです。始まりが元同僚や知人が集まってのチェーン展開だったのですから、組織的に系統だった動きなどはしていません。唯一の売り物である餃子の具だけにこだわり、枚方の工場でつくって毎日各店に届けて、それが各店にとっての仕入れであり、大阪王将食品にとっては売上になるというシンプルなビジネスです。

ところが100店を超えるチェーンとなってくると、それなりの組織形態が必要です。さらに店舗を増やしていくのであれば、本格的なフランチャイズ並みとはいわないまでも

整然と秩序立てた運営が欠かせません。ちょうど、1980年代の半ばぐらいからコーポレート・アイデンティティの必要性が叫ばれ始めていました。企業としてのアイデンティティが問われる時代に変わってきていたのです。

大阪王将のアイデンティティは何か、大阪王将として、また大阪王将らしくどのようなフランチャイズ展開をすべきかを考えました。さまざまなフランチャイズに加盟するなかでそのシステムの良い点は取り入れ、改善すべき点については独自の答えを出すべきだと考えました。その結果、大阪王将から今のイートアンドへと引き継がれていったのが「のれんチャイズシステム」です。

「のれんチャイズ」は、のれん分けとフランチャイズ、それぞれのメリットを取り入れたシステムを表す造語です。のれん分けとは本来、自分の店で修業を積んだ従業員に「のれん」つまり同じ屋号での営業を許可する仕組みを意味します。今まで店舗で働いていた従業員ですから、中華料理の基礎である鍋振りから店舗での接客までを一からサポートする必要はありません。そのため店舗ごとの裁量で自由度の高い経営ができるのですが、反対に店ごとで料理の味やサービスの質にバラつきが出やすい仕組みといえます。それに候補

となる従業員の育成に時間がかかり、経営拡大のペースは遅くなってしまいます。

そうした点を解消するのが、加盟店として運営本部と契約を結ぶことで研修を受け、ブランドの名前や商品、ノウハウを使用して店舗運営ができるフランチャイズの制度です。運営に関するサポートが充実している代わりに、そのブランドとしての品質や「らしさ」はしっかりと保証されなければならず、食材についても各店でバラつきが出ないよう同じものを使ってもらう必要があります。さらにブランドを掲げて商売をするため加盟料やロイヤリティの支払いが必要ですが、店舗経営を続けるうえでこれらの支払いが大きなネックになりかねません。

しかし「のれんチャイズ」では、しっかりとした開業サポートは行いますがフランチャイズチェーンのような加盟料やロイヤリティは取りません。フランチャイズに参加してみて、何より疑問を感じたのが高額のロイヤリティでした。さまざまなノウハウを教えてもらうのだから、その価値に見合う対価が求められるのは理解できます。けれども、そのロイヤリティが未来永劫にわたって続くのは理不尽です。

フランチャイズに加盟して5年、10年と経験を積めば、月に一度のペースで店舗指導に

来てくれるスーパーバイザーよりも豊富なノウハウが身につきます。もちろん本部のスーパーバイザーもさまざまな研鑽を積んでいますから、実際に役に立つアドバイスを受けるケースもあります。しかし、それ以上に店舗オーナーは現場での経験を積んで日々成長しているのです。

にもかかわらずロイヤリティだけは不変という規約では、オーナー側の納得が得られません。私自身もそのような経験をしていたので、自分たちがチェーン展開する際には、ロイヤリティを取らない本部にすれば、加盟店から歓迎されると考えました。当然本部は、ロイヤリティ以外の稼ぎを見つける必要があります。そのため大阪王将では、各加盟店で使う食材を提供して対価をもらう仕組みをとっています。

このような根本に立ち返って突き詰める中で、現在のイートアンドにつながるビジネスの原型が見えてきました。将来構想が明らかになったからには、自分が責任をもってビジネスを率いていかなければなりません。義兄と話をつけて、私が全面的な責任者となり、１９９６年に株式会社大阪王将へと社名も変更しました。

「職人技」を武器にチェーン展開を本格化

21世紀に入った頃、私が生まれ育った大阪府枚方市の隣の交野市で、広さ100坪ほどの空き物件が見つかりました。ちょうど愛知県の店舗と同じような、駅から徒歩数分でありながら府道が交差する角地です。周辺は新興住宅地で、想定顧客はファミリー層がメインの車でアクセスしやすい立地です。駐車場を備えたロードサイドの大型店となれば新生・大阪王将の旗艦店にして思いきって勝負すべきだと考えました。新たな大阪王将のイメージをつくり、今後のチェーン展開のベースとなるモデル、これまで学んできたフランチャイズのエッセンスも反映させた店をつくろうとしたのです。

安くておいしいのは当たり前です。「とにかく安いのだから、少々店が汚くても我慢してください」というのが創業当初のコンセプトだったとすれば、「安くておいしくて、店内も感じがいい」店舗、これが数多くある町中華との差別化には欠かせないポジショニングです。

ただ超豪華な外装や内装にお金をかける必要はありません。要所だけデザインを意識し

て工夫しました。多少初期投資が高くついたとしても、それはオープン時にかける販促コストと考えます。飲食店を開店するときには最初が決定的に重要です。店を中心に半径２００ｍ商圏内のお客様に対して、どれだけのインパクトを与えられるかが肝心です。店舗の外観を見て「なんか、良さそう」と感じてもらえれば、一度は来てもらえます。実際に行ってみて「ちょっといい雰囲気でおいしい。でも安い」となればリピートしてもらえます。さらに「あの新しくできたお店、なかなかいいよ」と口コミで広げてもらえれば最も効果的な販促となります。

そこで交野店は店舗の外装、内装はもとより、メニューデザインや従業員の制服、調味料の容器からテーブルまわりまで、従来の大阪王将とは一線を画す工夫を施しました。同時に餃子を手巻きする様子や炎の上で豪快に中華鍋を振る様子、いわゆる「職人技」を一種のエンターテインメント要素として「魅せる」店舗レイアウトも採用しました。

中華料理の「職人技」は、他社チェーンが容易にまねできるものではありません。中華料理の領域で、チェーン形式の店が少ない理由もそこにあります。職人レベルの調理技術が欠かせないため、参入するハードルが高いのです。例えば炒め物は、生の食材を使う割

合が高く、仕上げには必ず強火を用います。強火で鍋を振って水分を飛ばし、うまく油をからませる仕上げの作業がなければ、中華料理本来のおいしさは出せません。きちんと訓練を積まないとできない作業なのです。私たちは店舗の空間づくりにおいても、「職人技」という優位性を最大限に活用したのです。

この取り組みは当たりました。「おなかいっぱいの幸せ」とは、おいしいものを食べてもらうだけで実現するのではなく、五感すべてで感じてもらえる幸せなのです。

新店の成功を機に既存店のリニューアルと新規出店も増やしていきました。「職人技」と新しい店舗パッケージを武器に、新たなチェーン展開に乗り出し、地域を「超える」展開を本格化したのです。

「超える」経営コラム1

▼ファミリービジネスを「超える」フランチャイズ・システムによる事業展開／伊藤佳代

ファミリービジネスは、「同族会社」、「オーナー企業」などとも呼ばれ、創業者ないしその一族が所有（同族所有）、経営（同族経営）する法人組織です。日本ではトヨタ自動車、サントリー、ファーストリテイリングなど、2020年度では上場企業のうち半数近くがファミリー企業だといわれています（『ファミリービジネス白書2020年版』）。海外ではフォード、ウォルマート、エルメスなどが有名です。

中小企業庁の調査によると、わが国の経済を支えている大黒柱は中小企業で約99・7％を占めていますが、その大半が資本金や従業員数も少ないファミリービジネスです。小売業、農業、製造業、サービス業など幅広い業種に見られますが、外食業では個人経営が総店舗数の約4分の3を占め、法人形態であっても資本金1000万円未満のものが4分の

3を占めるなど、中小・零細な事業者が多いといわれています（経済産業省調べ）。ところがファミリービジネスの小規模な飲食店やレストランは、コロナ禍の移動制限と外食消費の減退、近年の人手不足、原価高騰、さらに大手チェーンとの競争によって売上高が落ち込み、存続が危ぶまれる状況が続いています。

そうした外食業界のファミリービジネスが存続・成長していくためには、次の3つの要素が必要です。

第1は、創業者のアントレプレナーシップ（企業家精神）、起業家としてのリーダーシップです。ある意味ではベンチャーないしスタートアップと考えると、個人営業や単独店であっても将来を見据えた明確なビジョンや方向性、旺盛なアントレプレナーシップの発揮や独自の経営理念の確立、変革型リーダーシップが不可欠となります。

第2は、独自のビジネスモデルや地域密着性を武器にロイヤルティを形成し、リピーターを獲得することです。繁盛店になるには地元の顧客から支持されるよう好みやニーズの変化をとらえ、あるいはそれを先取りすべくメニューや接客サービスを常に革新しなければなりません。

第3は、ビジネスを急速に展開するうえで十分な経営資源、資金や人＝従業員をもっていない場合、チェーン化やフランチャイズ化を通じたスケールメリットの実現です。

大阪王将チェーンの創業者である文野直樹会長は、この3つの要素を併せ持ったビジネスモデルを構築し、今日の成功をもたらしています。ジャンルを「超えた」挑戦を繰り返してフランチャイズのノウハウを学び、「おなかいっぱいの幸せを」を掲げて地域密着を念頭におきながらもチェーン化を進めて新しい町中華（現「街中華」）として一つの外食文化を生み出したといえます。

また自らの経験を踏まえて、新たな人のつながり、「のれんチャイズ」を開発し、加盟料やロイヤリティを取らないという業界の常識を打ち破る方式を実現しました。これによってフランチャイズチェーンに加盟するハードルを下げたことは大きな特長です。

これらの画期的な取り組みを支えたのが創業当時から続く「職人技」による商品の提供です。このベースがあるからこそ、顧客から「大阪王将の餃子はおいしい」というゆるぎない信頼を獲得できているのです。

こういった戦略を即座に実行できるのがある意味でファミリービジネスの強みだといえ

ます。「職人技」と五感すべてでおいしさを感じてもらえる新しい店舗パッケージを武器に、新規出店や従来店のリニューアルを通じた新たなチェーン展開で、地域を「超える」展開を本格化していきました。

もう一つ、成功の鍵となったのは、創業時から積極的にその分野のプロ人材を受け入れてきたことです。中華はもとより飲食業にさえ縁のなかった元商社マンを店長として採用し、のちにラーメンチェーンの「よってこや」などを起業した際もさまざまな業種・業態の経験者を招き入れ、知恵を出し、適材適所で活かす経営、これがイノベーションを生み、成長を大きく後押しする原動力となりました。

事業拡張や業態転換の際にはリーダーシップや新たな組織文化の醸成も必要となってきます。家業とは文字通りの「ファミリー」、すなわち基本的な価値観を共有する者だけで運営されます。しかし社業となると、さまざまな価値観を持った従業員が集まって働くことになるため、価値観を統一する必要があります。従業員がみな同じ方向を向き、同じ理念のもと、業務を推進していくことが大切になっていきます。

またコーポレート・ガバナンスという課題も生まれてきます。会社は従業員や顧客、地

域社会までも含め、公正な判断や健全な経営が行えるよう努めなければなりません。さらに従業員の多様性を認め、その成長をきちんと評価する人材のマネジメントが求められているのです。こうした真摯《しんし》な取り組みが、のちの大阪王将からイートアンドへの展開へとつながっていったのではないかと考えられます。

〔第2章〕

〝ガリバー〟が君臨する
冷凍食品業界への参入
事業領域を「超える」経営

〝ガリバー〟が君臨する冷凍食品業界に参入

おいしいものを手軽にしかも安く、多くのお客様にお届けすることは、食品業界に携わる私たちにとって積年の願いです。新鮮さとおいしさをできるだけ長続きさせるために食品の冷凍技術の研究が続けられてきました。

日本では大正時代に冷凍機が導入されて以降、冷凍技術は飛躍的な発展をしてきました。食品を冷凍することによって生産地近辺でしか口にできなかった食品が遠く離れた場所でも味わえるようになったのです。しかし、冷凍すると細胞が劣化し急激な品質低下につながりかねないという弱点があり、１９８０年代頃までは餃子の具が過度にペースト状になってしまったり、炒飯の米がベタベタになって風味が失われてしまったりするケースが多く見受けられました。

その後、細胞の組織を破壊せずに冷凍できるＣＡＳ（CELLS ALIVE SYSTEM）冷凍といった急速冷凍技術が登場し、食品の味、香り、鮮度を保持し、限りなく凍結前の状態に近い、作りたてに近い状態を再現することができるようになってきました。電子レンジ

などを使って温めるだけで手作りの食感とおいしさを感じられるまでに進化を遂げてきています（農林水産省「aff」２０２１年７月号『医療分野でも活用される冷凍技術』）。

国内の冷凍食品業界では日本水産、マルハニチロ、ニチレイ、味の素といった大手有力企業がしのぎを削っています。このうち味の素は１９７２年からいち早く冷凍餃子を販売し、販売から半世紀以上、冷凍餃子の分野では不動の〝ガリバー〟として君臨しています（業界動向サーチ「冷凍食品業界売上高ランキング、２０２１-２０２２年」）。

そんななかで私たちは１９９３年には生協向け冷凍食品、２００１年から量販店向けの冷凍餃子の販売をスタートさせました。

店で焼いて出す餃子のうまさを保ちながら凍らせて売ろう

大阪王将の看板商品は今も昔も餃子です。餃子のおいしさを店ならすぐ楽しめるのが餃子専門店としてなにより強みでありセールスポイントでした。

引き継いだ枚方の餃子工場の販売ルートは大阪王将チェーンだけです。それ以外に販路がないメーカーではチェーンの店舗が増えない限り、売上も増えません。

売上を伸ばすためには新たな販路の開拓が必要です。販路を変えるとすれば、どのような製品として展開すればよいのかを原点に立ち返って考えました。餃子といえば店で焼いて出すものという固定概念の枠を超え、どのような提供方法が考えられるのか、と自問自答を繰り返し、最終的にたどり着いたのは餃子をそのまま売るアイデアでした。さらに、おいしい餃子は大阪王将の店舗でしか食べられないのかと自問しました。

大阪王将の店でしか食べられないのなら、店の近くにいるお客様にしか食べてもらえません。より多くの人に餃子のおいしさを知ってもらい、「おなかいっぱいの幸せを」届けるために、店舗や地域を「超えて」日本中のお客様に、私たちの餃子を食べてもらうための販路はどうあるべきかと考え抜いた末にたどり着いたのが、餃子を冷凍食品として提供する新たなビジネスです。

しかし、外食事業を「超えて」冷凍食品という食品事業に新たに進出する事業ポートフォリオ戦略の実現には、いくつもの課題がありました。これまでは具材を店に運び、そこで皮を巻いて仕上げて焼いて出すプロセスが前提でした。しかし冷凍食品となると従来のプロセスの全工程、皮を巻いて仕上げるところまで自社工場で完結させる必要がありま

す。そのためには工場内に新たなラインを設置しなければなりません。さらに、完成した餃子を冷凍して流通ルートに乗せることができて初めてお客様へと届けられます。

決して簡単ではないけれども変革を実現できれば、メーカーとしても自立できます。大阪王将のためだけのメーカーを「超えて」、来店客だけではなく、全国にいる「餃子を食べたい」と思うすべての人がターゲットとなります。

新製品「冷凍餃子」を開発し、販路を開拓

実現にはいくつものハードルを超える必要がありました。大前提となるのは冷凍食品として商品価値を認めてもらえる餃子の開発です。

おいしさは絶対条件です。家庭で餃子を焼くときには大阪王将の店舗にある餃子専用の焼き器ではなくフライパンなどを使います。店の専用焼き器とフライパンでは火力が異なるうえに火の回り方もまったく違います。家庭でもムラなくおいしく焼き上げてもらうにはどのような餃子に仕上げればよいのかを考えて、皮の素材と厚さ、具材の内容と量、餃子の形や大きさなどの検討事項を店で出す餃子と比較しながらきめ細かく決めていきまし

た。

同時に新たな機器の導入など生産体制を詰めていく必要もあります。食品事業に詳しいスタッフの補充が必要であり、人件費はもとより生産設備のコストも考えなければなりません。1カ月あたりの生産量をどれぐらいに設定するのかを大まかでも決める必要があります。さらに販売チャネルや営業体制を決めるなど同時並行で考えていかなければなりませんでした。

販売を担当する卸・小売業者に大阪王将の冷凍餃子の売り方を提案する必要があります。すでに他社製の冷凍餃子を扱っているなら、「老舗、本格派の餃子が登場！」などと打ち出して他社製品と差別化する必要があります。逆に冷凍餃子をまだ扱っていないなら、「初めての冷凍餃子、誕生！」などと新しさをアピールしてもらうのです。味のうまさを訴求するのに加えて、自宅で手軽に焼けることをキーメッセージにしたり、関西で長年愛され続けてきたという実績を訴求したりするなど、一つひとつの課題を明確に言語化し、最適解を求めていきました。

一連のプロセスを通じて、このように思考を広げていく作業は「超える」成長につなが

るという重要な気づきを得ました。請負生産やPB（プライベートブランド）のメーカーとしての単なる成長にとどまらず、NB（ナショナルブランド）を幅広く販売するメーカーへと「超えて」いくための非連続的な成長です。冷凍餃子の製造販売は、これまで展開してきた飲食業つまり中華チェーン店の事業とは異なる事業領域の展開、言い換えると新たな事業ポートフォリオの構築となります。重要なのは外食事業と食品事業が連携している点です。

「両輪経営」の仕組みを構築

中華チェーン店という外食の展開を一つの車輪と考えれば、食品事業は外食を「超えた」展開であり、メーカーとして冷凍餃子を販売する食品事業を確立できれば、もう一つの車輪となります。片方の車輪だけでは少しバランスを崩すリスクがあるけれども両輪が地について機能していれば簡単には倒れません。こうして外食事業と食品事業との「両輪経営」がスタートしました。

1991年、「両輪経営」を本格的に進めるために商事部を開設しました。冷凍餃子の

販路開拓には企業間取引のＢtoＢ営業の経験者が必要でしたが、一人もいませんでした。フランチャイズビジネスの経験があったのでＢtoＢビジネスの根幹部分は理解できていました。大事なのは提携企業との取引により利益を確保できるかどうかです。

おいしい・おいしくないの評価のように人によって判断基準がまったく異なるＢtoＣビジネスとは異なり、ＢtoＢビジネスの判断基準は投資対効果に尽きます。新商品として開発した冷凍餃子の扱いを検討する提携相手も、取引が自社に利益をもたらすかどうかで判断するはずです。提携先として狙うべき新たなターゲットについても慎重に考えを深めていきました。いきなり大手の量販店などで販売してもらおうと商談をもちかけてもおそらくは相手にされません。冷凍食品の世界ではすでに冷凍餃子で先行する〝ガリバー〟の味の素をはじめ大手メーカーが何社も君臨しています。そんな相手と真っ向から勝負しても勝てないのは目に見えています。厳しい競争環境を「荒れ地」と考えれば、「雑草」のように生き残るにはどうすべきかから考えました。大阪王将は関西圏でこそ知名度があるとはいえ、決して全国区での知名度はありません。大手の量販店で冷凍食品はすでに〝レッドオーシャン〟の激戦地となっていました。

「両輪経営」のビジネスモデル図

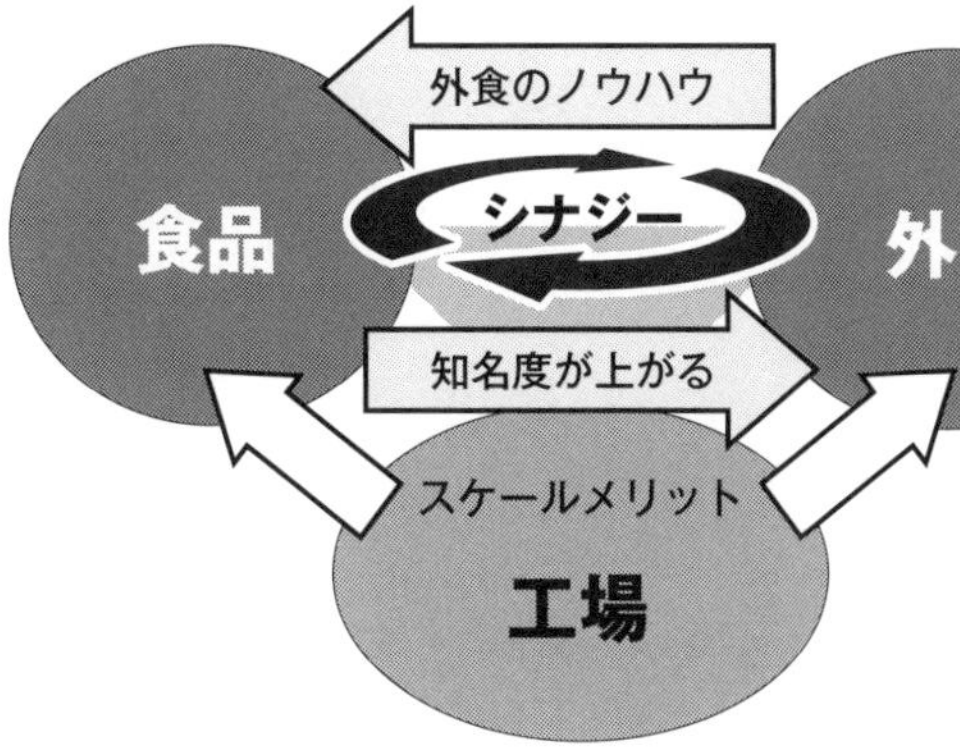

活路を見いだすために最も可能性の高い相手はどこかと考えた末に、量販店とは収益構造も経営理念も異なる生活協同組合に着目しました。生協ならば消費者に対して品質面を中心にした訴求が最も効果的だろうと考えたのです。私たちが声をかけると、狙いどおり生協は私たちの提案を受け入れてくれました。

１９９６年には生産体制の拡充を図るため、本社社屋兼工場を新たに竣工しました。こうして食品メーカーとしてのポジションをより確固たるものにするなかで「両輪経営」への確かな一歩を踏み出したのです。その中軸を担ったのが２０００年にダイエーから入社し、現在、イートアンドＨＤ代表取締役社長ＣＯＯ、イートアンドフー

ズ代表取締役社長である仲田浩康です。

実は冷凍餃子の販路を広げようというときに、自分だけでは達成できないタスクであるのを、すでに思い知らされていました。幸い生協では扱ってもらえるようになっていましたが、それ以外の販路開拓にはことごとく失敗していたのです。自分には営業の才覚がないのだと認めざるをえず、新たに営業スタッフを採用することを決めました。そんなときに来てくれたのが仲田でした。いずれ「両輪経営」の片方を任せる人物であることを一目見て感じさせてくれましたし、実際にその期待に応えてくれました。そして、この経験により個人商店だった大阪王将は、人が集まり各自の能力と努力をぶつけ合って化学反応を起こし、その結果として別の次元へと進化していく企業集団へと変わっていくのです。

「超える」経営コラム2

▼「両利きの経営」を先行して実践していた「両輪経営」／陶山計介

「両利きの経営」とは、日本では2019年に出版されたC・A・オライリーとM・L・タッシュマンの著書『両利きの経営』により注目を集めるようになった経営論です。企業経営においては、既存事業の探索の中から成功を収める確率の高い事業を選別し、その改善と工夫を通じてそれを磨き込むという「知の深化」と、自社の既存の経験や知の範囲を超えて新たな事業領域にチャレンジしていくという「知の探索」の2つの戦略があります。IBM、アマゾン、富士フイルムなどのように両者を高い次元で同時に進めることが重要で、それを右手と左手を自由自在に動かせる「両利き」にたとえています。

一般に日本企業にあっては過去の成長体験や事業・市場の成熟化にともない、コストとリスクを伴ううえに成果の不確実な「知の探索」よりも、社会的な信頼を確保できる「知の深化」に偏る傾向が強くなります。しかし、企業がさらなる成長を図り競争力を強化す

るためには、既存事業の「深化」だけでなく、新規事業の「探索」を同時に実現しなければなりません。

この「両利きの経営」が誕生する前から、自社流でいち早くから展開してきたのが、イートアンドが「両輪経営」と呼ぶものです。

「両輪経営」の両輪とは、大阪王将に代表される外食事業と、国内最大級の冷凍食品工場を持つ食品事業です。大阪王将の店舗で提供する餃子を製造する工場として、食品事業が外食事業の展開とほぼ同時に立ち上げられ、その後、自社店舗以外に冷凍食品を展開する形で事業を拡大してきました。

そのメリットは、相乗効果とリスクヘッジにあります。外食チェーンとして全国展開し、その名を知られた「大阪王将」ブランドを有効活用して、冷凍食品を全国の生協やスーパーで展開していく。全体の生産量が増えて工場の稼働率がアップすると、生産コストが下がり、店舗ではいいものをより安く提供できる。その結果として「大阪王将」ブランドの知名度が高まれば、外食店舗の新規出店の際の集客にもつながります。

中華チェーンとしては「餃子の王将」、冷凍餃子では「味の素」という強力なトップ企

業が存在するなかでいかに戦っていくのか。質的・量的な経営資源の違いを踏まえたうえで取るべきはランチェスター戦略です。エリアやターゲットを絞り込み、そのなかで差別化された製品・サービスで勝負する。このランチェスター戦略に加えて、同社は基本的に正面衝突での競争を避ける「ルデラル（雑草）」戦略（稲垣栄洋著『雑草に学ぶ「ルデラル」な生き方』）も巧みに取り入れながら「弱者逆転」の戦略を実行してきました。

その典型的な成功例が冷凍餃子です。家庭用冷凍食品メーカーのなかでは売上高でぎりぎりトップ10に入るレベルであり、上位の大手企業とは大きな差がついていました。そこで同社はニッチトップを目指す戦略を採用しました。具体的には冷凍餃子に絞り込み、革新的な商品である「羽根つき餃子」を上市します。その後、「ぷるもち水餃子」の開発により、それ以前には存在しなかった冷凍水餃子市場を創造しました。

コロナ禍に見舞われて外食産業全体が大打撃を受けた緊急事態にあっても、同社は「両輪経営」によってその危機を乗り越えてきました。店舗での飲食による売上高は大きく減少したものの、それまでの繁華街立地から帰着駅へという出店方針の転換とあわせテイクアウト需要の掘り起こしに成功しています。また外食から内食への切り替えが進んだトレ

ンドを逃さず、食品事業の売上高を大きく伸ばしました。まさに「両輪経営」の相乗効果とリスクヘッジにより、外部環境の急激な変化にも対応できたのです。

イートアンドは、これまで主力事業である外食事業を深化させながら、食品事業の探索を続けてきました。この両利きの、あるいは両輪の経営を実践した結果、外食を「超え」た製造業として株式上場を果たしています。「両利きの経営」が誕生する前から、そのコンセプトに近い「両輪経営」を実践してきた同社ならではの事業展開の賜物《たまもの》と考えられます。２０２２年に策定した「中期３カ年経営計画」でも、「パーパス、サステナビリティ、食品メーカーとしての生産機能をコアに、両輪経営による相乗効果をベースに事業領域を拡張」することがうたわれています。

［第3章］

後発だからこそ生み出せたヒット商品の数々と新たな業態
既成概念を「超える」経営

既存商品を「超える」――秘伝のタレ付き冷凍餃子を発売し大ヒット

冷凍餃子の営業展開にあたっては、あえて日本一厳しいマーケットの東京から攻めていくことにしました。激戦区で競争すれば、そのノウハウは必ずほかの市場でも活用できるからです。関西では大阪王将はそれなりの知名度がありましたが、関東での知名度はほとんどゼロ、冷凍餃子メーカーとしてはランキング外の存在です。販売先であるスーパーの立場になって考えれば冷凍餃子であえて私たちのような無名の新興メーカーの商品を扱うリスクを冒す必要はまったくないはずです。

厳しい状況のなかでいかに食い込んでいき、自社商品を扱ってもらうかを考えました。ただ店頭に並べてもらうだけでは意味がなく、実際にお客様に買ってもらわなければすぐに棚から消えてしまいます。消費者に認めてもらうためには、私たちの冷凍餃子とほかの冷凍餃子との違いを明確に打ち出す必要があります。差別化について議論をしているときに大きなヒントとなったのは「両輪経営」の片方の車輪である大阪王将の店舗でした。

冷凍餃子の営業は仲田に任せていました。彼は大阪王将の店で餃子を食べているお客様

大阪王将 たれ付き餃子

を見て、ほぼ全員が餃子をタレにつけていることに今さらながら気づいたのです。タレは餃子のうまさを引き立てるため絶対に欠かせない存在で、大阪王将ではどの店舗にも必ず置いてある秘伝の品です。

ところが、先行するメーカーの冷凍餃子にはなぜかどれもタレは付いていません。タレを付けない理由はそもそも中華料理店ではなく食品メーカーによって開発された冷凍餃子だったからだと推測できました。

餃子とタレは別物です。メーカーにとって生産工程の効率化を追求するなら冷凍餃子をつくる以外のものを生産ラインに組み入れたくないというのは分かります。実際、タレを冷凍餃子のパッケージに同封するプロセスを工程に加える必要が出てきます。タレの生産に加えそれを同封する作業分の費用もかさむので、そこまですることはないと判

断したのだと思います。

メーカーとしては当然の発想です。しかし、私たちは冷凍食品業界のそれまでの常識ともいうべきメーカーの既成概念、従来のメーカー発想を「超えて」、お客様に寄り添った視点で考えることで勝機が見えてくるはずだと考えました。

タレのついていない冷凍餃子を買ったお客様が家庭で餃子に何をつけて食べているかといえば、たいていは市販の醤油または酢をそのまま使うか、醤油に酢やラー油などを混ぜ合わせる程度のはずです。

タレがついていない冷凍餃子がそれまで当たり前だったとすれば、秘伝の特製タレをセットにして売れば圧倒的な差別化につながります。先行している冷凍餃子メーカーの製造工程はすでに完成されてしまっているので、私たちがタレ付きを出したのを見て追従しようとしても、後づけでタレを加えるためには工程の全面的な見直しが必要でコスト高につながります。タレ付きの餃子は他社が簡単にまねできないはずだと考えたのです。そして2005年3月に「たれ付き餃子」を発売すると人気に火がつきました。

予想を超える人気ぶりに、これまで冷凍餃子を買って帰る人の多くが実は心の中で「タ

レがあったらいいのにな」と思っていたのだと実感することができました。先行するメーカーの冷凍餃子にタレがついていないのを「所詮、冷凍餃子はこんなものか」と諦めていたら何も変わらなかったのです。

　私たちが加えたのは餃子のおいしさをさらに引き立てる、プロの手でとことん吟味されたタレです。醤油と酢にラー油を加えるだけではなく、大阪王将の店舗で出しているタレとまったく同じ製法でつくった「鉄ラー油」を使用しています。鉄ラー油は高温で炒めた唐辛子を加えたラー油で特別な調味料です。この「たれ付き餃子」は、単なる冷凍餃子ではなく「店で食べるのと同じぐらいおいしい餃子」という飛び抜けた評価を得て大ヒット商品となりました。発端は、お客様の食べる身に立った「ふとした気づき」「ちょっとした工夫」でした。

「油いらず・水いらず」の冷凍餃子から「フタいらず」の羽根つき餃子で差別化

　その後、「油いらず・水いらず」の冷凍餃子も開発しました。当時、家庭などで餃子を焼く際には油を薄くひいたフライパンに餃子を並べて、強めの火で2分程度焼き、焦げ目

が見えるようになったら差し水をしてフタをし、中火で蒸し焼き状態にして、水分がなくなるまで焼くのが当たり前でした。この常識を覆し、独自に工夫し調製した小麦粉と水、油をまぜて調合して餃子に添えることで、油をひかず、差し水もしないで冷凍餃子が中火でちょうど焼けるようになりました。

２０１０年前後になると、大ヒット商品だった「たれ付き餃子」の売上は次第に下降線に入ります。社内の危機感を背景に、私たちはさらなる差別化に向けた研究開発に着手しました。それが、「羽根つき」の冷凍餃子です。

通常、餃子に具を入れてつくる際は、入れるバットに皮がこびりつかないよう小麦粉や片栗粉、あるいはコーンスターチをあらかじめひいておきます。餃子を焼く際に、水で溶けた小麦粉などが隙間で薄く固まってこんがり焼けてできるのが、餃子の羽根です。羽根のついた餃子は、東京・蒲田の餃子店が売り出して人気を集めるようになり、全国の餃子好きの人々に広がっていました。商品開発スタッフが工夫を重ねた結果、２０１４年に独自の羽根つき餃子の開発に成功しました。

そして２０１８年、業界初となる「フタいらず」の羽根つき餃子を生み出しました。フ

ライパンに並べてそのまま焼くだけでおいしい餃子ができる画期的な商品は、調理のスタイルを変えました。ヒントとなったのは独身男性社員のなにげないひと言でした。「自炊して餃子を焼いて食べたいんだけど、フライパンのフタがないから油が飛び散ってどうしようもない。だから我慢している」と言ったのです。確かに、フタが必要なくなったら調理は便利になり、洗い物も減り、アウトドアでも調理できるなど、良いことずくめです。

課題は、フタが果たす「油はねを防ぐ」機能と「蒸す」機能を、どのように実現するかでした。これまで「油いらず・水いらず」で開発してきた特殊配合の素材にさらに磨きをかけて、どのような配合ならば油が飛ばないようになるのかを探っていきました。水と油はそもそも混ざらないものです。だからこそ水のなかに油の粒が適度にちらばりながら入っている状態を探して、油の粒の大きさも調節しながら焼いてみる実験を繰り返しました。さらに油の種類についても見直すなど、原材料をすべて再チェックして「羽根の素」となるべき原材料を確定させていったのです。併せて保湿性の高い皮にすることで、餃子全体を蒸し焼きにするフタの機能を持たせました。

フライパンで焼いてテストするときには、研究室のコンロ周りは毎回油まみれになりま

簡単に調理できるようになった「大阪王将 羽根つき餃子」

した。特殊な紙を敷き、飛散して紙につく油の粒を数えるだけでなく、油の粒の大きさも測定していました。実験を繰り返した結果、油や水いらずでフタをしなくても油が飛ばずにこんがりした羽根つき餃子が焼けるような「羽根の素」ができあがりました。フタいらずが実現したことで、焼きながら餃子の状態がよく見えるようになり、焼き過ぎや生焼けといった失敗を防ぐこともできます。油が飛ばないので、フタやキッチンコンロまわりが汚れず、これまで面倒だった掃除の手間もなくなります。

「羽根つき餃子」シリーズはその後発売した関連商品とあわせて単品年間売上高130億

円を突破する人気商品となっています。

イートアンドフーズ　商品本部商品企画開発部R＆Dグループでマネジャーを務める平山春奈は、社員の何気ないひと言がきっかけでヒットが生まれるのは「風通しのよさ」の表れだと言います。菓子メーカーから入社し、さまざまなプロジェクトのリーダーも務める彼女は「みな仲がよく、会社のことを自分事として考えている。だから会社を好きになりやすい風土ができている」とも語っています。

新たな業態、ラーメンチェーンを展開

展開する事業を増やしながら、地域を超えて日本全国に店を広げていくため、中華料理以外の外食チェーンの新たな展開を考えました。

チェーン展開の候補の一つがラーメンです。さっそく関西の人気ラーメン店のリサーチを始めました。リサーチ法は食べ歩き、自らの五感をフル稼働させるマーケットリサーチです。ラーメン事業を考えるのなら、まず既存のラーメン店から学ぶべきです。「我以外皆我師也」という有名なことばもありますが、大切なのは学ぶ気持ちで、その気持ちさえ

あればどんな人からでも何らかの学びを得られます。

大阪、京都を中心に評判のラーメン店を訪ね、店を開くときのヒントを探しました。京都で行列のできる有名店に並んでいて耳に入ってきた女性の「チェーン店のラーメンでおいしいとこってないよね」という会話から、改めてチェーン店のシステムを考え直すようになりました。

チェーン店はシステム全体としての成果を求めるため、効率化や合理化を優先しがちです。効率化や合理化の結果としてコストを抑えることができ、お客様に安価で商品を提供できます。けれども、システム化の追求だけにとらわれ、味を完全に一律にしてもよいのでしょうか。お客様が求めているのは、わざわざ食べに行ったお店でのおいしさであり、それがチェーン店であるかどうかは二次的な問題です。このことがのちに大阪王将で展開することになるマイクロマネジメント（個店ごとに異なるメニュー）へとつながっていきました。

一方で、おいしいと評価されるラーメンチェーン店を立ち上げることができれば、際立った存在になれます。カギとなるのが、女性客の獲得です。それまでリサーチしたラー

メン店ではどこも、女性をほとんど見かけませんでした。

なぜラーメン店には女性がいないのかというと、味の問題もありますが店の雰囲気が女性にとって入りづらい、大きな壁になっていたのです。ラーメン店といえば汚く、雑然としていて男性客の行くところというイメージが定着していました。そういう既成概念をひっくり返して若い女性が一人で行きたくなるようなラーメン店を実現できれば、際立った存在になると考えたのです。

おいしいラーメン店、それも女性の一人客に好んで来てもらえるような店をチェーン展開したいというのが、新たな業態開発の目標となりました。

女性の好む味付けを探求

女性を集客するポイントはやはり味です。スープづくりから麺の選定など試行錯誤を繰り返した末、ようやく1994年にラーメンチェーン「よってこや」の1号店を京阪枚方市駅の前に出店します。

1号店はオープンできたけれども、そのまま一気にチェーン展開とはいきませんでし

た。ラーメンの命といえるスープを量産できなかったからです。こだわりの濃厚な豚骨醤油スープは、当時京都の女性を中心に毎日食べても飽きないような、やさしく穏やかな味だととても人気でした。くさみを消すために10種類以上の香味野菜を使い、15時間かけてじっくり煮込むなど、しっかり手間をかけることで確かにおいしいラーメンはできましたが、多店舗展開するためには、このスープを毎日安定して大量生産するシステムの構築が必要です。

各店で毎日15時間かけてスープをつくるのは現実問題として不可能です。解決策としてスープは本部で一括生産し、冷凍固形化してチェーン店に届ける方式としました。冷凍固形のプロセス開発には時間がかかりました。理想のスープをつくっても単に冷凍するだけでは店で解凍した段階で味が劣化します。さまざまな変数を設定してテストを重ね、糖度計を使って、冷凍の前後の糖度の違いを調べ、同時に香りの変化もチェックし、理想の味を再現するための冷凍時間を決定しました。

チェーン展開のめどが立った1997年に「よってこや」ラーメン事業部を設立し、本格展開を開始します。2年後の1999年3月には、東京のラーメン激戦地の恵比寿に

オープンさせた直営店が話題を集めました。恵比寿店の立ち上げ支援に行ってくれたのが、当時アルバイトだった鳥生恒平で、現在は株式会社一品香で社長を務めています。

ラーメン店の常識を覆したおしゃれな「よってこや」

当時の恵比寿は、荻窪と並んで東京のラーメンの二大激戦地のひとつでした。全国の有名ラーメン店が軒を連ねるように出店し、ＪＲ山手線の恵比寿駅を中心に半径５００ｍ以内に約１００軒がひしめいていました。

それほど競争の激しい場所にあえて出店したのは、戦略的な狙いがあったからです。構想していたのはおいしいラーメンチェーンの出店戦略であり、恵比寿のラーメンマーケットはすでに完全なレッドオーシャンでしたが、ターゲットを若い女性の一人客と新たに設定すれば、マーケットの見え方はまったく変わってきます。女性をターゲットとするラーメンマーケットとしてみれば、恵比寿は完全なブルーオーシャンです。

大阪王将の外食事業にとって「よってこや」は新たなブランドの立ち上げ、つまりブランドポートフォリオ戦略の展開となります。既存のラーメン店との差別化はもとより、大

1999年当時、斬新なコンセプトだった「よってこや」

阪王将の新ブランドとしてのポジショニングも考えないといけません。いわゆる従来のラーメン店の顔をしていては、絶対にだめです。従来のラーメン店の枠を超える。そもそも何屋なのか分からないぐらいの店でちょうどよいのではないか。そのうえで、若い女性に認めてもらうためには良い意味で目立つ必要があります。

　手がかりとしたのは京風のテイストです。そこから発想をふくらませて東京の人が思い描く京都のイメージ、例えばお茶屋のように真っ黒でシックな外観にすれば魅力を感じてもらえるのではと考え、その方向性でさらに掘り下げていき、真っ黒な店舗デザインを内装にも反映させました。全体的に落ち着いた雰囲気で統一し、照明も少し暗

くして、ＢＧＭにはジャズを流します。知らない人が入ったら、まずラーメン店とは思えない装いです。ところがメニューをみれば正真正銘のラーメン店であり、味覚だけではなく嗅覚はもとより、視覚、聴覚、触覚までも楽しめる店であり、女性が安心して一人で入れる店です。

女性にとってそれまでのラーメン店は「まず見た目が汚い、一人で入るのは怖い、男性客ばかりで居心地が悪い」と行きたくない理由がそろっていました。女性にとってのマイナスイメージをすべて取り去ったうえで、新たな価値を提供しました。ラーメン店はメディアの注目の的となり、一気に大繁盛店となりました。

ラーメン店らしくないのにはやるラーメン店には、事業展開を広げるうえでも大きなメリットがありました。ラーメンを食べてくれるお客様だけでなく、ラーメン店の経営に興味をもつオーナー希望者をも呼び寄せました。

「こんなおしゃれなラーメン店なら、ぜひ自分でもやってみたい」とチェーン店の参加希望者がどんどん集まってきました。チェーン展開の新体制を充実させるため２０００年に東京営業所を開設し、新事業となる「よってこや」ブランドの拡充に力を入れました。

ただ新しく出す店については、「よってこや」ブランドは維持しながらも一軒ずつ商圏の精査からターゲット設定の見直しを踏まえて、立地に応じたチューニングを加えていきました。味にこだわるのは当然であり、スープや麺、具材は同じものを提供し、チェーンならではのおいしさをどの店で食べても同じように感じられるシステムを整備します。一方で店のデザインや雰囲気は立地に合うよう調整していきました。

なぜなら同じ東京といっても、銀座と浅草では店に来られるお客様が違うからです。「よってこや」のラーメンに求めるおいしさは変わらないとしても、ラーメンを味わう場の雰囲気は、その店に来てくれるお客様それぞれにとって、最も心地よいものに調整していきます。

その後お台場にオープンした店は、「ニューヨークのダウンタウンにあるようなラーメン店」がコンセプトでした。また、現在展開している「太陽のトマト麺」は、もともと錦糸町のよってこやが原点で、商圏に合わせたメニューが好評だったので、業態にまでなった一例です。商圏ごとに店の魅せ方を変える戦略は、新規出店の際の新たなノウハウとなりました。

フレンチテイストの中華料理「シノワーズ厨花」

「よってこや」は、ラーメン店らしくないラーメン店というコンセプトが成功の要因となりました。その結果、これまでラーメン店が取りこぼしていた女性客を呼べる店ができたのです。既存の業種業態でも、考え方を変えれば新たなターゲット開拓の可能性があります。コンセプトを変えて、新たなターゲットを創出する考え方は、ほかにも応用できます。

そう考えたときに改めて納得できたのが、フランチャイズとして学んだサンマルクのポジショニング戦略でした。サンマルクはファミリーレストランとホテルのフルコース料理のニッチに狙いを絞って、新たなポジショニング「ファミリーダイニング」を打ち出して成功しています。この考え方を中華に応用すると新たな展開が開けてくるはずだと考えたのです。これまで町中華が苦手としてきた、若い女性客をターゲットに設定して、新たなポジショニングを組み立てていきました。

これまでなかった中華として展開した新ブランドが「シノワーズ厨花」です。この中華

スタイリッシュな空間で中華を楽しむ「シノワーズ厨花」

レストランでコンセプトに据えたのが「日常的な手が届く贅沢」でした。本格的な中華のフルコースでありながら、価格は抑えます。中華料理でありながら、あたかもフレンチのように、味付けはもとより盛り付けにもこだわりシックに仕上げました。

「シノワーズ厨花」もチェーン展開を進めました。その際にもう一つ見据えていたのが、出す料理のノウハウをいずれは大阪王将にも取り入れることです。「シノワーズ厨花」でのメニュー開発に携わってくれたのは田中恭良（大阪王将 商品企画部ゼネラルマネジャー）をはじめとした、従来の中華職人とは異なる料理人たちです。彼らのノウハウを吸収して大阪王将に反映させれば、大

阪王将も一皮むけるに違いない、とそんな将来構想も描いていました。

後出しジャンケンの「+0・5」が勝ちにつながる

「よってこや」を展開する際には従来のラーメン店にプラスしての「ちょっとした工夫」を考えました。恵比寿には九州、中国、東北、旭川などで名前の知られたラーメン店が地元の店に加えてひしめき合っていました。

最初に恵比寿でラーメン店を開業したのが、どこだったのか詳しくは不明です。この地に古くからあるあっさり醤油味の「恵比寿ラーメン」が、おそらくは先駆者だったと考えられます。あっさりしたラーメンを最初に手がけた、つまり0を1にしたという意味でイノベーターです。

しかしその後、ラーメン店が集まっているからという理由だけで出店してきたラーメン店は、決してイノベーターではありません。私たちもまたしかりですが、「よってこや」が当時のラーメン激戦地、恵比寿で出色の存在となったのは事実です。

抜きん出ることのできた理由は、既存のラーメン店とはターゲットを変え、店の外観、

内装を変えBGMにまでこだわったからです。これは0→1のイノベーションではありません。

けれども、これこそが私たちなりのランチェスター戦略ともいえる「+0・5」の戦略、少しの違いとはいえ、確実な差別化につながる戦い方です。要はどんぐりの背比べから半身だけ抜け出せばよく、それだけでも確実に目立つ存在となります。そのために重要なのがターゲットの絞り込みです。狙うターゲット像が鮮明になるほど、その人たちに訴求すべき価値も明確に絞り込めます。その結果、ポジショニングが際立ち、差別化につながるのです。

この「+0・5」戦略は起業家に大きなメリットをもたらします。なぜならあえてイノベーターを目指す必要がなくなるからです。「0→1」のイノベーションが偉業であるのは当然であり、だからこそ誰もが簡単に起こせるわけではありません。何もないところから「これはすごい！ 画期的な新製品を待っていた」とみんなから評価されるためには飛び抜けた発想が必要です。飛び抜けた発想を生み出すための陰の努力は大変なもののはずです。

「＋０・５」戦略とは、まず標的と狙う「１」ありきで考えを深めていきますが、「１」に対して正面からぶつかりはしません。「よってこや」でいうなら、「１」に相当するのが、すでにできあがっている恵比寿のラーメンマーケットであり、そこに何か「０・５」の要素を付け加えて「１」を超えることができるのです。

男性客に来店してもらうためにこれまでしのぎを削っていたラーメン店を横目に後出しジャンケンで女性、しかも若い一人客を狙うと決めたから勝てたのです。「＋０・５」戦略は、あらゆる競争で応用できると考えます。

最近若い起業家が増えているのはとてもよい傾向だと思います。若い人たちにぜひ伝えたいのが「起業は０→１のすごいアイデアがなければできないわけではなく、既存の１に『＋０・５』でできる要素を新しく加えるだけで、十分勝負できるのだ」という考え方です。できれば単独の「１・５」だけで勝負し続けるのではなく、早い段階でもう１つの軸をつくり、「１・５＋１・５」での勝負を視野に入れておくのです。このように考えれば、起業のハードルが下がる一方で成功する確率は高まります。

２００２年、外食事業と食品事業の「両輪経営」による、新たな食品メーカーとして歩

む決意を固め、社名を「イートアンド」へ変更しました。社名変更は、企業戦略上の転機となります。「イートアンド」への変更については、第2の創業との意味を込めました。

「超える」経営コラム3

▼後発企業として「消費者の『不』」にフォーカスした製品開発／伊藤佳代

競争優位の構築と市場への参入順位については、先発優位と後発優位の2つがあります。先発優位の源泉には、コーラといえば「コカ・コーラ」、ドライ（辛口）ビールといえば「スーパードライ」のように、特定の製品クラスと企業・製品ブランドとの緊密な連想ができることや、規模の経済性、技術上のリーダーシップや特許といった参入障壁などがあげられます。逆にビデオレコーダーのソニーに勝った松下（現パナソニック）やぐるなびに勝った食べログのように、先発者の製品・サービスの強みや弱みを参考にできることや、研究開発投資の節減、市場・消費動向の見極めなどが後発優位の根拠とされています。これはP・コトラーの著書『マーケティング・マネジメント』にも同様の内容が記されています。

あわせて近年、画期的な新技術が生まれにくくなったり、生まれたとしてもすぐ模倣さ

れたりすることによって製品・サービスの違いが消費者から見て知覚されにくい「コモディティ化」が進行しており、製品・サービスの差別化がますます難しくなっています。

新しい製品やサービスを開発する場合、アイデアの創出には、「シーズ（Seeds）発想」と「ニーズ（Needs）発想」の2つがあります。シーズ発想は、自社技術を起点とするプロダクト・アウト、ニーズ発想は、消費者が求めている欲求から新製品・サービスの開発を始めるマーケット・インです。トランジスタラジオを開発したソニー創業者の井深 大は、その大きな動機づけは、当時最先端といわれた日本の小型電子部品の製造技術でも、単なる「マーケット・サーベイ」でもなく、ライバルに対する競争意識と「携帯するには大きすぎる」という消費者の潜在的な「不」への着目だったと語っています。

ところで消費者の「顧客価値」には3つがあります（表参照）。それは、①実用・機能価値（節約、利便性）、②快楽・情緒価値（喜び、興奮、楽しさ、ファンタジー）、③社会・創造価値（ステータス、自己尊重）で、顧客は客観的、手段的な価値からより高次の精神的な満足を求めて主観的、自己目的的な価値へと向かう傾向があります。

先発企業の中華チェーン「餃子の王将」がすでに確固としたブランドを確立していまし

消費者の「顧客価値」

次元	実用・機能価値	快楽・情緒価値	社会・創造価値
視点	認知的情報処理	経験	シンボリック相互作用
目的	何らかの目的を実現する手段	それ自身	社会的役割や自己概念
便益	節約、利便性	喜び、興奮、楽しさ、ファンタジー	ステータス、自己尊重
犠牲（費用）	金銭、時間、努力	ストレス、ネガティブな感情	恥、認知的不協和
タイプ	ホモ・エコノミクス（経済人）	ホモ・ルーデンス（遊ぶ人）	ホモ・ファベル（工作人）

た。それに対して大阪王将は食べ盛りの男子学生に「安くてお腹いっぱいになる」餃子専門店というＳＴＰ（セグメンテーション・ターゲティング・ポジショニング）によって新たな市場を創出しました。ラーメン事業「よってこや」、パン屋カフェ「コートロザリアン」（後のベーカリーカフェ「R Baker Inspired by court rosarian」）、「太陽のトマト麺」、さらに「横濱一品香」や「ＳＡＰＰＯＲＯ餃子製造所」など一連の業態開発もその延長線上にあります。

一方、冷凍食品とくに餃子をはじめとする冷凍中華の分野でも、後発企業ならではの差別化戦略を実践しました。そこには味の素という突出した先発企業が存在していました。同社は売上高が１兆円以上

の〝ガリバー企業〟、食品メーカーとしての老舗でもあります。一方、大阪王将が量販店向け冷凍食品販売を始めるのは２０００年代に入ってからです。この際にも先発企業から学び、それまでの冷凍餃子にはない実用・機能価値（節約、利便性）である「タレ付き」、「油いらず」、「水いらず」、「フタいらず」により差別化を図り成功しました。極め付きは「羽根つき餃子」です。調理の場である台所ではなく食卓、「食シーン」に新しい価値をうみだす」餃子、快楽・情緒価値（喜び、興奮、楽しさ、ファンタジー）を追求した餃子といってよいでしょう。いまや羽根つき餃子は大阪王将の〝代名詞〟になっています。

今後はさらにリデュース、リユース、リサイクルなど環境保全、ＳＤＧｓ、食育といったサステナビリティ、社会・創造価値を訴求する店舗や商品も、さらに強化することが求められます。フロンティア精神をもち、消費者の潜在的な「不」に真摯に向き合い、オンリーワンの創造をワクワクしながら日々取り組む。これが「超える」原動力に結びつくのです。

［第4章］

危機に直面しても乗り越えていく逆境を「超える」経営

危機を「超える」ための新たなビジョン作成

2002年、株式会社大阪王将をイートアンド株式会社へ社名変更しました。新社名のイートは「EAT」、食を意味します。食を基盤としたうえで、常にアンド＝「&」つまり食べる人のためになる何らかの価値を付け加えていく。そんな姿勢を大切にする企業を目指すことを表現しているのです。自社の目指す理想が新社名に込められています。

食を通して多くの人から必要とされる企業となるために、外食事業と食品事業ともに事業規模をどんどん拡大していく。外食と食品の両輪でしっかりと前に進む食品メーカーとして成長していく。このような想いを実現するために新たな経営方針をまとめました。

改めて中核の一つに据えたのは、D・A・アーカー教授が提起したブランドポートフォリオ戦略です。「自社が持つ複数のブランド同士の相乗効果により、企業全体の価値を高める」ことを目標にしました。

イートアンドではすでに多くの自社ブランドを展開していて、社名変更の翌年、2003年には新業態のパン屋カフェ「コートロザリアン」をオープンしています。フラ

イートアンドのブランドポートフォリオ

ンチャイジーとして「サンマルク」「函館市場」などの店舗も運営していました。

外食事業のブランド展開を拡充すると同時に、もう一つ目標としたのが、〝餃子日本一〟の達成です。餃子の販売チャネルを食品事業にも広げることで、大阪王将の店舗と食品事業の2つを合わせての「日本一」を目指しました。

食品事業は、営業部門の強化により冷凍餃子の新たな販売チャネルが広がっていきました。この時点でのアイテムはまだ冷凍餃子に限られていましたが、さまざまな中華料理の冷凍食品化も視野に入っていました。さらなる販路開拓にも挑戦し、百貨店での催事販

売、いわゆるデパ地下での実演販売などの取り組みも始めました。

ブランドポートフォリオ戦略を幅広く推進していくためには、新たな人材が必要です。「シノワーズ厨花」の展開を始めて、その4店目のオープンのときに来てくれたのが田中で、焼き肉店を始めるときに入ってくれたのが前川雅夫（イートアンドインターナショナル代表取締役社長）でした。このように、ブランドポートフォリオ戦略を展開するためには、多様なブランドを担ってくれる人材を求め、人材募集にも力を入れていきました。

「超える」べき目標を常に意識する

社名変更によって株式上場を視野に入れていました。株式市場には「餃子の王将」、すなわち株式会社王将フードサービスが先に上場しているので、同じ「王将」を名乗って上場するわけにはいきません。だから社名から「王将」を外しました。

ブランドポートフォリオ戦略により、多様なブランド展開に乗り出した理由は、いつか「餃子の王将」を「超えたい」と考えたからです。しかしながら売上高規模で1桁の違いがあり、まともにぶつかっては勝負になりません。

巨大な相手と向き合う戦略を構想するとき、参考になる考え方は「ルデラル」です。稲垣栄洋著『雑草に学ぶ「ルデラル」な生き方』では「大きな相手とは小ささで勝負する」「チャンスをとらえてスピードで勝負する」「多様なタネでチャンスを広げる」などの戦略が紹介されています。

なかでも強く感銘を受けたのが「しなやかな姿勢」の大切さです。たとえ目の前にどのような障害が立ちふさがっていても決して諦めたりせず、とはいえ真正面からぶつかったりもせず、しなやかにくぐり抜けていけばよいということです。一方ではどれだけ成長しても、低姿勢を保ち続けて決して慢心しないことも大事です。「ルデラル」は荒れ地を生きる植物、雑草を意味することばであり、雑草だからこそのしなやかさが、弱者の力の源泉になります。

しなやかでいながらも、したたかに戦う。そのために中華以外の業態を展開し、さらには冷凍餃子での勝負に出ました。その冷凍餃子でも「超える」べき目標を設定しました。圧倒的なトップシェアを誇る、ナンバーワン企業の味の素です。なんとかして冷凍餃子でもトップを狙いたいというのは将来の目標であり、達成するためには、徹底した差別化が

必要です。そうやって生み出していったのが、たれ付き、羽根つき、フタいらずなどのオリジナルの冷凍餃子です。

両輪がまわっていた、だから危機を乗り越え新たなステージへ

イートアンドの創業の頃は激動の時期であり、最終的な赤字転落こそ免れてはいたけれども、かなり厳しい状態でした。１９９６年に本社社屋兼工場を建てたときの借金が残っているにもかかわらず、２００２年には新たに大阪市内にビル1棟を購入、本社を移転しました。

そんな状況の中で新たな問題が起きました。思いもよらなかったラーメンチェーン「よってこや」の減速です。一時のラーメンブームは恐ろしい勢いで失速していきました。このとき学んだのが、飲食業とは基本的に水商売であり、流行《はや》り廃りの流れには決して逆らえないという教訓です。

すべての飲食業がそうだというわけではありませんが、ブームがわきおこり、一時的に流行することがあっても必ずその反動がきます。逆に決してブームになることはないけれ

社名変更に合わせて本社も移転

ども、地域の人にとって定番となっているような町の飲食店には、いつまでも安定してお客さんが来てくれます。この固定客に関する気づきが、後の〝街中華〟というコンセプトにつながりました。

「よってこや」の衰退を契機として「大阪王将」ブランドの見直しにかかり、2003年に関東進出の1号店として、新宿店をオープンさせました。翌年には香港にも出店しました。ラーメン事業は一部撤収となったけれども、「大阪王将」の順調な展開と食品事業が伸びたので大きな危機とはなり

ませんでした。この頃から始めた海外展開は、「両輪経営」に新たに付け加えたいと考え続けた末にたどり着いた結論のひとつです。

この間に食品事業では、アイテムを増やして本格的な冷凍食品メーカーへと展開する計画を進めていました。本社工場は、元は大阪王将の店舗向けの餃子をつくるための施設です。そこに冷凍餃子の生産ラインを入れ込みました。そのため、冷凍餃子の売れ行きが伸びていくにしたがって、生産ラインが逼迫《ひっぱく》し始めていたのです。

冷凍餃子の好調な売れ行きを踏まえて、冷凍食品のアイテムを増やす展開が視野に入っていました。改めて工場内を見直すと、意外にスペースがあり新設備を導入できると分かりました。

では、どんなメニューを商品展開していくのか——狙いは店舗とのシナジー効果にあります。当初は天津飯などから始めて、いずれは「大阪王将」の店で出しているさまざまなメニューを展開していきたいと考えました。しかしそのためには数億円レベルの設備投資が必要です。実際に新しい冷凍食品の生産ラインが立ち上がったのは２００９年ですが、当時の総売上高を考えても、思いきった経営判断でした。食品事業が冷凍餃子だけでは

真の「両輪経営」とはいえないため、今が転機と踏み切ったのです。強気の決断の背景には、すでに株式上場の準備を進めていて、上場できれば資金にもめどが立つはずだという近未来予想もありました。事業展開には資金が必要であり、事業規模が大きくなるにつれて、必要な資金もスケールアップしていきます。資金手当を常に頭に入れておくのは経営者の責務です。

２０１１年に大阪証券取引所ジャスダック市場に上場しました。上場プロジェクトを率いてくれたのは仲田で、彼に依頼したのは次の一点、すなわち「外食事業者ではなく、総合食品メーカーとして上場してほしい」でした。

外食事業では「大阪王将」チェーンは２００店舗を達成していました。そのため冷凍餃子を量販店向けに販売しているとはいえ、上場の話を詰める段階で食品メーカーとしてというリクエストは、担当証券会社も簡単には理解してくれませんでした。けれども将来展望として「餃子の王将」を超えようと考えているのだから、外食事業ではだめなのです。

さらに遠い望みとして、いつの日か味の素も超えたいとも考えています。一縷《いちる》の望みとはいえ夢をかなえるためにも外食事業と食品事業を兼ね備えた総合食品メーカーを目指す

必要があります。まず外食と食品の両輪でしっかりと前進していき、やがてほかにもいくつかの駆動輪を加えた食品メーカーとなるのが「超える」ための戦略です。

何もないところからの関東工場設立

２０１１年には株式上場だけでなくＩＳＯ２２０００：２００５認証（食品安全に関するマネジメントシステム規格）を取得し、北海道工場を設立して北海道にも「大阪王将」を出店しました。さらに年末には「大阪王将」の出店数が３００店舗となりました。このように店舗数を増やして関西以外でも出店していくとなると、餃子の供給体制が次の課題となります。

チェーン展開は「のれんチャイズ」という一般的なフランチャイズシステムとは異なってロイヤリティは取らない代わりに、店で出す餃子などの基本食材を仕入れてもらう仕組みですから、店舗数が増えればその分、餃子を安定供給する体制を整える必要があります。

具体的には関東エリアでの供給体制の整備が差し迫った課題となり、群馬県で新工場

日本最大最速級の餃子工場である関東工場

（現在の関東第一工場）の立ち上げにかかりました。

工場を立ち上げてからは、生産体制を整えて、つくる製品つまり餃子の品質を一定の水準にまでもっていかなければなりません。食品メーカーとしての発展を視野に入れているのだから、生産体制の充実は必須の課題であり、関東工場はいずれ規模を拡大していくという構想を描いていました。2023年時点で関東工場は第三工場を立ち上げるまでに至っています。

2011年は北海道に出店し、いずれ幅広くチェーン展開していくための工場も新設できました。ただ当初の計画どおりに店舗出店が進まず、工場単独では収支が合いません。そこで売上高を

増やすため新業態の「SAPPORO餃子製造所」を立ち上げました。

この業態は大阪王将の発展型であり「製販一体」モデルを踏襲したものです。まず食品メーカーを基盤とし、その販路として外食サービスと食品販売までを手がけます。店舗では餃子を中心としたメニューで食事を提供すると同時に、餃子の量り売りも扱います。餃子には北海道の素材を使って、北海道の人に「おいしい」といってもらえる餃子を追求し、のちに札幌市内に6店舗を展開するまでに成長しました。

北海道進出までの一連のタスクを任せたのは、焼き肉チェーンの展開時に入ってきてくれた前川です。料理人として採用したけれども、単なる料理人とは少し異なる雰囲気を漂わせていました。

彼にとっては工場の立ち上げなど未知の世界だったはずですが、従業員の募集から面接なども任せました。入社当初の焼き肉チェーンで料理人を任せていただけなら、新規工場の開設はもとより、新規事業の展開なども実現できていませんでした。人材の見極めは経営者の重要な役割です。

関東工場、その製造工程のブラッシュアップ

関東工場の生産ラインは、第一工場から最新式の第三工場に至るまでに進化を遂げ、第三工場では自動化がかなりのレベルまで進んでいます。それでも食べるものをつくるプロセスでは、あくまでも基本となるのは人の技能や経験です。

生産工程をどれだけ自動化しようとも、あるいは最新式のロボットなどを導入しても、完全無人化とはなりません。これが自動車などのマシンをつくる生産ラインと、食品を扱うラインの決定的な違いです。食品の生産ラインを支えるのは、あくまでも技能者です。ただし技能者の数をできるだけ減らすのが理想です。

生産技術そのものは進化を重ねてきましたが、餃子をつくるプロセスは基本的に不変です。まず皮をつくり、肉とキャベツを加工してからミキシングする。できた具材を皮に包み込んで形を整え、加熱したあとに冷凍する。その後は包装・梱包して出荷する。一連の工程はＡＩカメラで監視し、特に大事なところにはトラブル回避装置を設置しています。

第一工場から第二工場、第三工場へと増設する過程で制御用のコンピュータも導入しま

した。ライン制御のカギを握るのがスピードコントロールです。各工程で異なる製造設備のスピードを、ライン全体として統一するため、設備ごとに搭載したコンピュータをマスターコンピュータで一元管理しています。

ここまでレベルアップする過程ではさまざまな問題を解決してきました。第一工場の立ち上げ以降ラインの調整から増設、現場で働く外国人労働者のマネジメントまでを統括しているのが、山本 浩で、現在はイートアンドＨＤ 取締役、イートアンドフーズ 取締役専務執行役員（商品本部 本部長）を務めています。彼もキャリア採用ですが、元はパンのメーカーで、やはり生産ラインの統括を担当していました。

彼のような生産ラインのプロの目から見れば、食品メーカーとしてのイートアンドには、特にサプライチェーンのシステム化に大きな課題がありました。パンと餃子では生産プロセスがまったく異なりますが、その指摘は的確であり継続的な改善の必要性を痛感しました。

パンと冷凍食品の決定的な違いは、オーダーが入ってから生産・出荷するまでのリードタイムです。日配品のパンでは日付が変わる頃にオーダーが入りますが、朝までに生産・

出荷してスーパーなどの開店に間に合わせる高速回転が求められます。

一方で冷凍餃子の需要は予測に頼るしかありません。販売予測に基づいて生産計画を立てるけれども、現実問題として足りなくなるケースも出てきます。そんなときには前線の営業も含めた各本部が共通して「良い商品を安定してお届けしたい」意識で一致団結し、ときに営業が頭を下げてお客様に待っていただくケースもあります。

営業部門とはいえ、単に売上を伸ばすだけでなく、良い商品を提供するために生産現場の状況も常に考えて行動する。経営では一時的な売上高増よりも常に中長期的な視点で顧客満足を考えるのが鉄則です。

アイデアは原点の共有から生まれる

商品開発チームでは、1日1個のアイデア出しに取り組んだ時期もあります。当時のリーダーの発案であり、確かに量は質につながる可能性があります。リーダーは、アイデアが1000個集まれば、その中からヒット商品が3つは誕生すると考えていました。

アイデアといっても、誰もが驚くレベルでなくて全然構わないのです。自宅のテレビで

野球を見ているときに思いついた「プロ野球を見るときの専用餃子はどうか」といったレベルで構わない。大切なのは思いついたアイデアを、みんなで持ち寄ってブラッシュアップすることです。

ブラッシュアップのポイントとして何よりも大切なのが「それを食べている人の幸せな顔を思い浮かべる」ことであり、「それをつくるときのプロセスで何か不便な点はないか」とチェックする姿勢です。そこから真のカスタマーインサイトを得ることができます。ところが何か新しいものをと、そこだけに意識が飛んでしまうと、ついお客様の利便性や満足を忘れてしまうことがあります。それでは本末転倒です。

24時間ずっと餃子について考えろ、などというわけではありません。それでは逆にアイデアが枯れてしまいます。ただ目の前にいる人、あるいはお客様と思い描いている人に「おなかいっぱいの幸せを」届けるためには、どうすればよいかと、それだけは心にいつも留めておく。この原点が共有されているから、さまざまなアイデアが出てくるのです。実際に冷凍餃子については、餡《あん》の味や食感など細部の見直しを発売以来ずっと行っていて、半年に1回のペースでリニューアルし続けています。

異才を活かして新たな業態開発へ

２０１４年に、「R Baker Inspired by court rosarian」を開店しました。約10年前にパン屋カフェとして展開した新業態の「コートロザリアン」を引き継ぎながら、新たな価値を付加したベーカリーカフェ「R Baker（アールベイカー）」です。

コンセプトを「パンで日本を豊かに」と設定し、提供するのは「ごぱん」すなわち米粉を使ったパンです。良質な栄養素が含まれたヘルシーな米粉パン、食べて健康になれるパンを提供する。単なるパン屋の概念を超えるベーカリーです。

「R Baker」の立ち上げを任せたのは、現在のアールベイカー代表取締役社長の廣谷光彦です。彼は自らがアトピー性皮膚炎に悩んでいたため、食べるものに対して強いこだわりを持っていました。商品開発職を募集する企業を探しているときに、大阪王将の募集要項を見つけたのです。彼は管理栄養士で食を通じた健康に関心があり、脂ぎったイメージの強い中華なら、逆に自分の経験を活かして面白い提案をできるのではないかと考えたそうで、私たちが中華料理だけでなく冷凍食品を展開したり、ほかにもさまざまなブランド展

開をしたりしていると知り、面白そうだと考えたようです。まさに求めていた商品開発にうってつけの人材です。

彼が大切にしているのは「視点を変える」ということで、パンといえば小麦粉という固定概念を外して、米粉でパンをつくりました。その延長として大阪王将の中華に、オーガニックでヘルシーな視点を少し入れてみるとどう変わるか。従来とは異なる視点を取り込めば、商品の見え方が変わってきます。ただし取り込む視点は「体に良いもの」で統一する。そんな発想から、２０２２年には食品ロスが出ない仕組みとともに、焼きたてパンと冷凍パンを販売する革新的な新業態『YOUR OVEN』が誕生します。

新商品はネーミングまでこだわったものや面白くてユニークなものが多くあります。商品に徹底的にこだわるのなら、そのこだわりをきちんと伝えないと共感してもらえません。伝えるためにはネーミングはとても重要です。

コロナ禍の数年前から、すでに始まっていた危機

２０１９年、創業50周年の節目を迎えました。翌年の1月以降コロナ禍に見舞われるこ

とになるのですが、その数年前から外食事業についての危機感がありました。

利益率の低下が止まらなくなっていたのです。要因の一つは原材料費や人件費などのコストアップがありますが、にもかかわらず価格競争により売価を上げられなかったことがそれに追い打ちを掛けていました。飲食店ではＦ／Ｌ比（売上に占める食材原価と人件費の占める割合）を６割以下に抑え、それで利益が２割ぐらい出るというのが通常の外食事業の基本的なビジネスモデルです。ところが慢性的な人手不足にも悩まされ、給与を上げざるを得ません。カフェなどはまだ人を集めやすいけれども、中華料理はあまり好まれないのです。

私たちの方針は、おいしい料理をできるだけ安く提供することです。安く提供するポジショニング戦略が、働き手のステータスにマイナスの印象を与えていたようです。

安くておいしい餃子を出すために、餃子は必ず朝から店で手巻きをして仕上げています。このひと手間をかけるからこそ、具の脂が時間とともにほどよく皮に浸透して、おいしさを増すのです。

少しでも手間を省くため工場で巻くところまで仕上げて、店に運んで焼くと味はどう変

わるのか。省力化テストは何度もやってみたけれども、納得のいく味にはなりません。そのため生産性が落ちるのは承知の上で店舗で巻かざるを得ない。

明らかに何らかの改善が必要です。次のフェーズへと進むため、創業50周年を迎える前から新たな成長へとつなげるための戦略を考えていきました。

原点回帰、二刀流の「街中華」へ

2018年11月に従来とは異なる新店をオープンしました。それまでの出店戦略は繁華街を中心とした大型店舗で、東京では新宿、渋谷、池袋などの駅前立地を狙ってきました。目立つ場所で、赤を基調とする派手な外観の大型店舗を出してきたのです。人通りの多い場所で大きなスペースを借りるには、家賃も高くつきます。このままで持続可能なのかと検討を重ね「街中華」戦略への転換を決めました。創業当初のこぢんまりとした店構えを復活させ、看板の色も赤から黄色に戻す原点回帰により、創業当初の地域密着の中華チェーンを目指すことにしたのです。

店の外観だけでなく店舗の基本設計も変えました。その象徴が横厨房、つまり厨房を店

の奥にではなく、入り口の真横につくります。お持ち帰り窓口のすぐ先に厨房があるから、中まで入らなくても厨房が見えて注文できます。これだけで持ち帰りを頼むお客様と厨房スタッフの距離感が一気に縮まり、持ち帰りをより頼みやすくするためのアイデアです。以前から店舗売上高の20％ぐらいは持ち帰りでしたが、コロナ禍では持ち帰りが強力な武器となりました。つまり、店内と持ち帰りの「二刀流」です。

「街中華モデル」の展開を積極的に進め、マイクロマネジメントを取り入れました。マイクロマネジメントとは、商圏とお客様に合わせて、店舗ごとにメニューに微調整を加えていくやり方です。

東京の両国店は相撲のメッカ国技館のすぐそばにあるので力士にちなんだメニュー「両国横綱定食」や「両国力士飯」「王将ちゃんこラーメン」などのオリジナルメニューをそろえました。マイクロマネジメントは緻密な商圏・顧客分析に基づいて店舗ごとにメインターゲットを設定し、商品構成と価格に反映させるのが本筋です。両国店の地域は都心に近い割には比較的家賃が安いため、若い男性単身者が多いので食欲旺盛な人たちを満足させるメニューを、相撲取りのイメージを借りてアピールしました。

「町」中華ではなくあえて「街」中華と表現しているのは、街とはストリートを意味し、人がたくさんいて活気があって笑顔があふれている場だからです。人々を笑顔にする場作りに貢献したいから「街中華」なのです。半世紀前に創業者が、大阪の京橋に最初の店を出したときの思い「おいしい餃子をおなかいっぱい食べれば、笑って生きていける」を復活させたいという願いを込めているのです。

地域密着戦略でコロナ禍の逆境を「超える」

店舗の立地は繁華街、商業施設、郊外の住宅地、帰着駅の４つに大別しています。「街中華」へと転換する前の新規出店は繁華街と商業施設をメインとしていましたが、転換後は住宅地と帰着駅に出店するようになりました。

出店戦略の転換もコロナ禍によるダメージからいち早く立ち直れた大きな要因です。「街中華」のようなこぢんまりとした店を出すと決めると、自然とそのような立地を選ぶようになりました。

戦略転換が軌道に乗り始めたのが、50周年を迎えた２０１９年でした。日本をコロナ禍

が襲ったのは２０２０年春頃からです。いきなりの外出制限に始まり、外食も許されなくなり、まさに先行き真っ暗な状態に陥りました。

しかし、人が生きていくためには必ずなにか食べなければなりません。だから外食事業で大きなダメージを受けても、私たちには冷凍餃子をはじめとする食品事業があります。「両輪経営」を進めてきていたおかげで最悪の事態だけは免れると考えました。

出店戦略の見直しを進めていたため、繁華街にある大型店の撤退はためらいなく決断できました。高額な家賃の支払いをカットでき、財務面でのダメージの軽減につながっています。

これまでにもコロナ禍ほどではないにしろ、何度も危機に見舞われた際に頼りになるのが、仲田、植月を筆頭に一丸となって知恵を振り絞ってくれるメンバーです。「街中華」への転換で始めていた改革も、一気に進めることができました。逆境をなんとしてもみんなで乗り超える意思統一ができていたのです。

外出規制緩和後の店舗再開は、まず従業員が安心して働ける環境整備から始めました。当初はマスクも満足に手に入らなかったため、自分たちでできる限りの工夫に努め、お客

様に安心して来ていただける環境を急ピッチで整備していきました。

外食産業にとって最大のピンチという意識が不動産業者にも浸透していたおかげで、「街中華」なら可能性があると見込んで新規出店に乗り出した私たちは、好条件の物件を確保できました。新規出店では帰着駅戦略が当たりました。コロナ禍で外食を控えるようになると当然、自宅で食事するようになります。仕事帰りに何か買って帰るかと考えたとき第一候補となるのは自宅の最寄駅近くにある店舗です。そこに持ち帰りできるメニュー、できたて、作りたてでおいしい中華があれば買ってもらえる率が高まります。実際に帰着駅近くの店舗はいち早く売上が回復し始めました。

しばらくは持ち帰り需要がメインになると考え、電子レンジで温めやすい容器に切り替え、特別なテイクアウトメニュー開発にも取り組みました。持ち帰って楽しく食べてもらうときにはせめてノリノリの気分で楽しんでもらいたいと考えた「スーパーノリ弁（ただし海苔を使ったメニューではありません）」はヒット商品ともなりました。データを見ると、持ち帰りのお客様はかつての常連である60代男性が多いのですが、加えて40代、50代のファミリー層からも支持を受けています。

一時的には売上の半分が持ち帰りやデリバリーとなると同時に、経営のスリム化にも取り組んだ結果、コロナ禍が落ち着いてくると以前より利益が出るようになりました。

地域に根づくための「ご近所様重役会」

直営店のオープン前に必ず実施するようになったイベントが「ご近所様重役会」です。新店をオープンする際には近所に住んでいる人を招き、大阪王将の代表取締役社長である植月が出向いてみなさんの意見を聞くようにしています。店舗で出す予定の料理を試食してもらい、ほかにどんなメニューがあればよいか、価格はどれぐらいに設定すべきか、店内でのサービスで注意すべきことなど、さまざまな意見や要望を伺うのです。

背景にあるのは地域と一緒に成長していきたい、お客様に支えてもらいながら事業を伸ばしたいという地域密着の考え方です。食文化の創造により生活文化の向上を支えていくのが、我々の目指すところです。食を通じてお客様にどのように貢献できるのかを常に考えています。

新規店舗で地域密着を目指すのであれば、地域のお客様のコミュニティに受け入れても

らう必要があり、そのために皆さんの意見や要望を聞くわけです。だからご近所の人はいわば新店にとっての重役として位置付けられているのです。

事前告知をしたうえで人数こそ10人程度と小規模ながら、行きたいと希望された人を招待しています。わざわざ新店に足を運んで来てくれた人の意見はとても貴重です。東京・練馬の店では「このあたりは昼ごはんを食べる店がないから、ぜひ弁当を売ってほしい。それも麻婆豆腐と炒飯のセットがいい」などと具体的な内容が寄せられました。

地域のニーズに対しては、応えられる限りオープンまでに対応する体制を整えます。重役会に来た人はたいてい開店時に来てくれます。さらに知り合いの人を連れてきて「これは社長に頼んでつくってもらったメニューだ」などと話してくれます。

これは何よりもありがたい応援であり、自然に応援団ができていきます。地域の人からひいきにしてもらうことこそが地域密着の核心であり「街中華」の本質でもあります。

新店オープン時に近隣の皆さんにどれだけファンをつくれるかが勝負であり、これは以前から重視してきたオープン時プロモーション戦略の核となる考え方です。チェーン店としてのスケールメリットを活かしながら個店の良さを打ち出して局地戦を制するのはラン

チェスター戦略の根幹でもあります。

「ご近所様重役会」を開催するのは基本的に直営店のオープン時で、「のれんチャイズ」チェーン加盟店の場合でもオーナーからのリクエストがあれば対応しています。

「のれんチャイズ」の進化と「大阪王将大学」

「のれんチャイズ」のシステムで重要なのが、名前を使ってもらう限り、どの店でも「大阪王将」としての品質を確保することです。そのためのシステムについては時間をかけて整備してきた結果、かなり充実したものとなりました。要点は2つあります。品質を担保する食材提供と調理スタッフの育成サポートです。

食材提供は餃子の具と皮をはじめとする主要なアイテムを、本部から毎日届けています。だから餃子を筆頭に定番メニューはどこの店で食べても同じ味、食感などが維持されます。本部として最重視しているのが、加盟店が儲かる食材の提供です。加盟店が儲かれば、本部も売上高が上がり、余分なロイヤリティを徴収する必要などなくなり、本部と加盟店の関係はWin-Winとなります。

お客様との接点は個店としての「大阪王将」でありながらも、バックヤードは大阪王将のチェーンシステムが万全の体制で支えます。食材については大量仕入れによるコストダウンメリットを提供し、チェーン全店からのデータ収集・分析に基づく売れ筋情報などをチェーン店にタイムリーにフィードバックしています。本部でも常に新メニューの開発に取り組んでいて随時提供しています。さらにマイクロマネジメントを取り入れ、オーナーや店長の裁量で商圏のニーズに合わせたメニューを提供しています。

大原則として、本部と「のれんチャイズ」の加盟店は対等の立場です。どちらが上とか下とかはまったくありません。本部は初期教育をしてオープン後の1年間は店舗運営を指導します。この間に各店のオーナーはもとより店舗スタッフにも経営と接客のプロになってもらい、そのあとは任せるのです。

ここから先が通常のフランチャイズと異なる点で、それ以降は毎月の臨店指導などはしない代わり年に1回、調理技術については検定試験を受けてもらいます。各店でお客様に料理を提供する際に何より問われるのが料理をつくる人の腕という考え方から、料理をつくる力を養ってもらおうと東京に「大阪王将大学」を開設しています。「大阪王将大学」

まで来てもらい調理の際に自己流などが入っていないかをチェックします。オープン前には必ず60日間の研修を受けてもらいます。新店オープンの立地が決まった段階で「大阪王将大学」に入学し、店の工事期間を研修期間にあてます。

研修内容は実践的です。毎日午前か午後のいずれかは必ず餃子巻きで、ひたすら具材を皮で巻いていきます。店で巻いた餃子を出すのですから餃子をきちんと手早く巻けるようにならなければ話になりません。

半日の餃子巻きトレーニングのほかは、炒飯や天津飯などのメインメニューの調理実習や基本的な衛生知識の講義、接客訓練など朝から夕方まで一日中、休みなくカリキュラムを組んでいます。

60日間研修を受けただけでは合格とはなりません。最終日に検定試験があり、結果により1級から3級までの等級に区分けされます。だいたい3割が3級に届かず不合格となります。

通常のフランチャイズチェーンでのフランチャイザーとフランチャイジーの関係性を基準とすれば、2カ月も研修に参加してくれた相手をあえて落第させはしないものです。不

合格者に対しては補講などでフォローをして、それでもだめな場合はオーナーに「残念ながら大阪王将のお店で働いていただくのは無理ですのでスタッフを替えてください」と直に指示します。スタッフ育成で妥協するといいかげんなスタッフが店でお客様と接してしまうことになりかねず、結果的にはオーナーにとっても大きなデメリットになりますので厳しい研修システムにしているのです。

「大阪王将大学」の卒業者はこれまで約６００人に達しています。このうち1級取得者は十数人にとどまっています。1級取得者は、万が一何らかのトラブルで本部から配送している餃子のタレが届かなかったときでも、店にある材料を使って自分で工夫して作れるレベルです。秘伝のタレを即興で、しかもありあわせの材料で作りだせる技術は並外れたものです。

「のれんチャイズ」のロイヤリティは初年度だけは毎月指導に行くので、店舗指導料として売上の2%、プラス商標使用料として同じく売上高の1%としています。指導に出向かなくなる2年目からは店舗指導料がなくなり商標使用料として売上高の1%だけです。のれんチャイズは、のれん分けをした店にはぜひとも繁盛してほしいし地域貢献にもつなげ

たいという思いが結実した独自のシステムです。

「街中華」の新しい展開と事業承継の支援

２０２１年8月、東京都武蔵野市の住宅街に「武蔵野緑町栄楽店」がオープンしました。「街中華」戦略の中での新しい展開です。それまでの「街中華」との違いはもともと地域にあった中華料理店を引き継いだ点にあります。飲食業界ではよく「居抜き」で新しく店を出すケースがあります。居抜きとは、前の店で使われていた調理設備や什器、備品などをそのままの状態で売買・賃貸するやり方です。

「武蔵野緑町栄楽店」は通常の居抜きとしてだけでなく、元の中華料理店の屋号である「栄楽」と長年愛されてきた名物メニューまで引き継いだのです。そのため通常の中華料理屋ではまずない「栄楽カツカレーセット」や「栄楽生姜焼きライス」などの独自メニューまで引き継がれています。

元の「栄楽」のオーナーが70歳となり、後継ぎもいないために閉店を決めた時点で店舗の承継を提案し受け入れてもらえたのです。このような店舗承継も地域密着、地域貢献

という基本戦略を具体化するこれからの手法の一つとして重視しています。店舗とそのメニューを引き継いで提供すれば地域のお客様にも喜んでいただけます。

「栄楽」のように個人経営による中華料理店は１９８０年代半ば頃に一気に増えました。40年近くが経過し、多くが後継者難に直面しています。厚生労働省の統計データによれば、２０１６年の段階で全国に約４万６０００軒ある中華料理店のうち７割が個人経営です。個人経営者の４分の３が50歳以上で、後継ぎのいないケースが大半です。同じ中華料理に携わる同業者として「街中華」を打ち出し地域貢献を目指す意味でも、現状を見過ごすわけにはいきません。

事業承継戦略はビジネスとしての可能性も吟味し尽くしたうえで展開しています。これまで常連客のついていた店なら、その人たちが好んでいたメニューを提供すれば継続して来てもらえる可能性は高いはずです。そのうえで餃子をはじめとするメニューも食べてもらえれば、新たなファンの獲得にもつながります。常連客がついて長い間繁盛していた店舗であれば立地もよいはずで、居抜きで出店できるのだから、イニシャルコストも抑えられます。

コロナ禍からの〝V字回復〟を支えた食品事業

２０１９年の創立50周年を迎える前から戦略転換で二刀流（店内・持ち帰り）の「街中華」を進めてきた結果、コロナ禍によるダメージをかなり抑えることができました。とはいえ２０２１年2月期の決算では、外食事業の売上高は前年度のレベルに届かず、セグメント利益は赤字となっています。これに対して食品事業は好調で利益を伸ばし、会社全体として経常黒字を確保しました。まさに「両輪経営」のおかげでかろうじてバランスを維持できたのです。

外出自粛要請が発令され、巣ごもり需要が爆発的に伸びました。食品事業はかつてなかった繁忙状況となり、工場の生産能力が追いつかない状態となったのです。

生産能力の増強は早くから課題と認識していて、２０２０年1月に関東第二工場を稼働させています。第二工場では冷凍餃子の生産スピードを第一工場と比べて約40％速めました。安定して高速生産できるようになると、それだけ具材の鮮度が高い状態で加工できるメリットがあります。

イートアンドグループの売上高推移

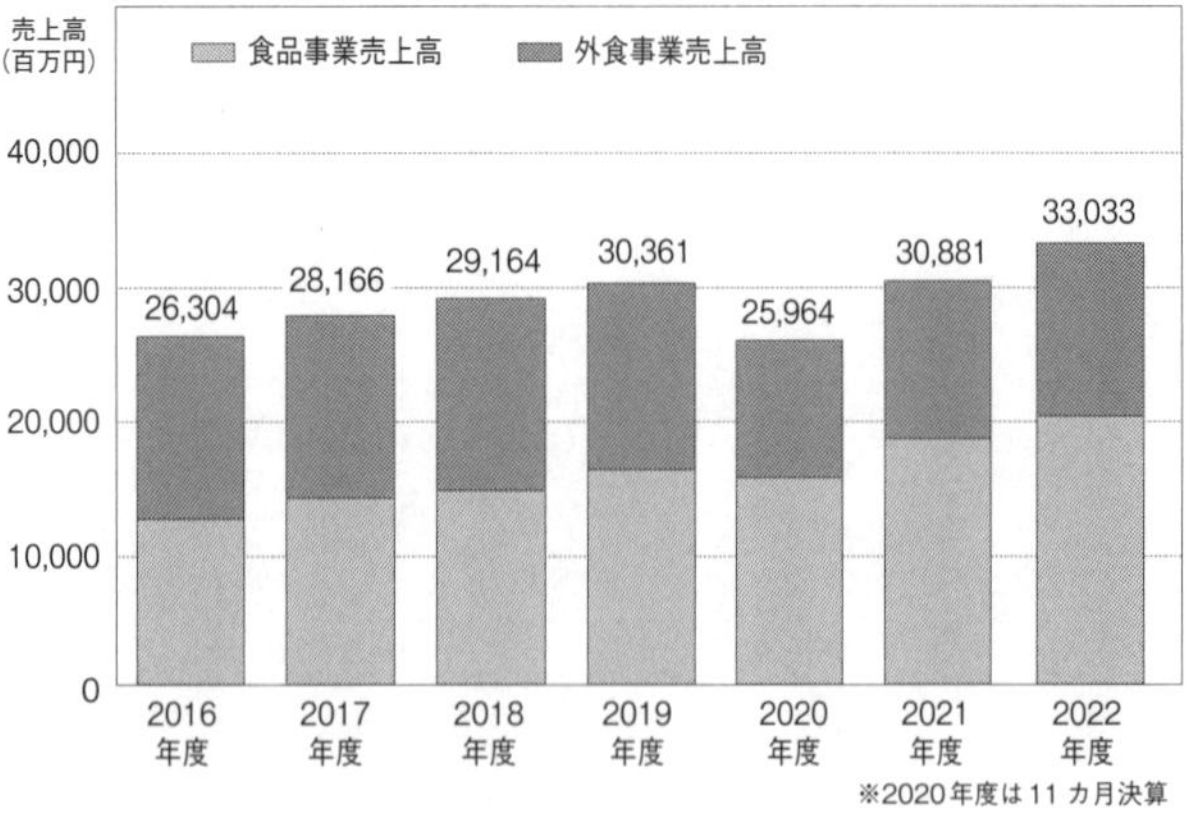

© EAT&HOLDINGS Co.,Ltd.

そして、コロナ禍で冷凍食品に対する需要がさらに急伸したことを受けて、関東工場の隣接地に、急いで第三工場の建設を計画し、２０２２年９月に竣工させています。第三工場では生産スピードをさらに高めて第一工場の約２倍の速さで生産できるようになっています。

ただ効率化を実現し、コストダウンにつながるとしても、そこに「お客様に喜んでもらうためのアイデア」が含まれていなければ意味がありません。

コストダウンにより最終的に売価が下がれば、それはお客様のメリットとなりま

す。けれども本来のアイデアとは、お客様に喜んでもらうために考えるべきものです。これまでより喜んで餃子を食べていただくための「何か」であり、餃子を家庭でつくるときに、これまでよりも簡単に、楽に、しかもおいしくするための「プラスアルファ」です。

よりおいしい餃子をつくるためにはどうすればよいかと議論を繰り返すなかで、山本を中心に取り組んでいるのが、その日の気温や湿度に合わせて最適な原料の配合と練り方をＡＩが計算し、それを自動的に製品に反映させる仕組みづくりです。

また、仲田の尽力により、食品事業に関しては川上から川下までを一貫して自社で担うシステムを整備してきました。原料の野菜はどうしても天候に左右され、年によって豊作となったり不作となったりするなど作柄が異なります。このため、全国の生産農家とあらかじめ契約を結んで、一定価格でつくってもらい、その分は確実に引き取るようにしています。安定収入を確保できるので生産農家にとっても「餃子に向いた品種をつくってみたい」などと前向きな対応をしてもらえます。こうした信頼関係は、仲田が全国の契約農家を地道に回ってくれているからこそ築かれているのです。

冷凍食品に関しては、すでに定番メニューがひととおりそろっています。餃子は各種類

あり、焼売、唐揚げ、炒飯、さらには卵の半熟食感を実現した「とろとろ天津飯」まで提供しています。このような商品を実現できるのは、「両輪経営」ならではであり、両輪をフル稼働させたからこそコロナ禍という未曽有の危機を「超える」ことができたのです。

人材成長の仕組みとしてのホールディングス体制

2020年に持株会社へと移行し、ホールディングス体制として新たな一歩を踏み出しました。

目的の第1は、すでに展開している個々の事業経営の権限と責任を明確にし、意思決定を迅速化することにあります。第2に、グループ経営としての戦略機能を強化し、企業風土や事業内容に適した制度への移行を進めます。第3に、新たな経営者人材の台頭も期待しました。

食品メーカーとしての生産事業を中軸に据えながら、食品事業と外食事業の両輪により、食生活のすべてをカバーしていくことを打ち出しています。

コロナ禍前から取り組み始めていた事業構造の転換を、コロナ禍という外圧をうまく

利用して加速できました。「街中華」を推進して店舗承継戦略を展開する一方で、食品事業の供給体制を前倒しで整備する。そのうえでホールディングス体制へと移行することによって運営体制を強化したのです。

創立50周年を迎える少し前からの着実な取り組みが、結果的にはコロナ禍というピンチをチャンスに変えただけでなく、次の成長への礎となりました。

「超える」経営コラム4

▼地域密着とものづくりに支えられたブランドポートフォリオで危機を「超える」／陶山計介

ブランド理論の第一人者であるD・A・アーカーによれば、ブランドポートフォリオ戦略とは「ポートフォリオの構造とそのブランドの範囲・役割・相互関係を明確にするもの」（『ブランド・ポートフォリオ戦略』）です。企業はさまざまな製品・サービスのブランドをもっています。同じ顧客層を奪い合うカニバリゼーション（共食い）を起こすことなく、ブランド間でシナジー（相乗効果）、レバレッジ効果（梃子《てこ》効果）、明確さを持たせることで差別化され、活力あるブランドを創造することがその目的です。それが強く、好ましく、ユニークな企業ブランドの構築に貢献することになります。

　例えば、コカ・コーラは、「コカ・コーラ」（コーラ飲料）を中核にして「綾鷹」（茶系飲料）、「いろはす」（ミネラルウォーター）、「ジョージア」（コーヒー飲料）、「檸檬堂」

（アルコール飲料）など約40ブランドを展開することで、「世界中をうるおし、さわやかさを提供すること。前向きな変化をもたらすこと。」という使命を果たしています（日本コカ・コーラホームページより）。

このブランドポートフォリオ戦略が成功するためには、市場カバレッジの拡大を図りながらも、ブランド間の重複を最小化するという相反する政策が大事です。価格や品質、サービスや販売チャネルなどの面で、ブランドごとの製品・サービスが提供する便益や約束が、消費者の期待に的確に応えなければなりません。

それぞれのブランドと消費者が直接つながり、消費者がブランドを応援するぐらい関係性を強化する必要があります。ロイヤルカスタマー（優良顧客）からさらに進んで当該ブランドの推奨者（advocator）ないしパートナーになるぐらいにブランドと消費者のリレーションシップが構築されることです。もう一つは、リレーションシップのいかんにかかわらず、ブランドが価格や品質などの面で競合ブランドと比べて明確な優位性を示すことであり、これは製品やサービスの製造過程におけるコスト優位や技術革新に依存します。

２００２年、大阪王将はイートアンドへと社名変更しましたが、外食分野では「大阪王将」のほかにイタリアン風の「太陽のトマト麺」、パン屋カフェ「コートロザリアン」、「サンマルク」、「函館市場」、さらにその後ベーカリーカフェ「アールベイカー」、中華・ラーメン業態「一品香」などの店舗を運営しブランドポートフォリオを構築しています。その成功の鍵を握っているのが地域密着戦略です。主力の「大阪王将」では創業時の地域密着の中華チェーンを目指す「街中華」戦略への転換、商圏とお客様に合わせて店舗ごとにメニューに微調整を加えていくマイクロマネジメント、価格やメニューなどについて要望や意見を聞く「ご近所様重役会」のように地域住民を応援団にする取り組みです。

「アールベイカー」では「感性＋栄養＋健康の組み合わせ」を求めるコンセプトや米粉を使った健康的でもちもちした食感のパンもさることながら、地元の旬の野菜を使った「石窯焼き印西カレーパン」、食育や地域活性化を目的とする「江古田ミツバチ・プロジェクト」で採れた地元産の「江古田はちみつ」を使用したスイーツピザの開発など地域に根ざしたベーカリーを目指しています。

一方、生産能力の増強では２０２０年１月に関東第二工場、２０２３年１月に関東第三

工場を稼働させています。設備の新設と改修による生産ラインの高速化やロジスティクスの強化、ＡＩ、ＩＯＴを活用した生産効率の向上や需要予測システムの構築、ロボティクス等による出荷検品作業や検査工程の自動化などスマートファクトリー化による効率化を推進しています。その結果、第三工場では第一工場の約2倍の速さで生産できるようになり、コストダウンをもたらしました。さらによりおいしい餃子をつくるために気温や湿度に合わせた最適な原料の配合と練り方をＡＩが計算して、それを自動的に製品に反映させる仕組みづくりにも取り組んでいます。

　このように、地域密着とものづくりの力に支えられたブランドポートフォリオで、幾多の危機を「超え」てきたのです。

［第5章］

競争から抜け出し
唯一無二のポジションへ
これまでの大阪王将を「超える」経営

冷凍食品の品目で餃子が初めて3位に

日本冷凍食品協会によれば、２０２２年の冷凍食品の国内生産額（出荷額ベース）は、前年比４・０％増の７６３９億円、コロナ禍を背景とした巣ごもり需要の高まりもあって、３年連続で増加しています。

冷凍食品は調理の簡便性や保存性という利点が一段と評価されています。同じ協会の統計データによれば22年に品目別で生産量が多かったのはうどん（19万９２１６トン）、コロッケ（16万２９９トン）、餃子（10万２３４８トン）、炒飯（９万８４０２トン）の順で、初めて餃子が炒飯を抜いて3位に浮上しています。

冷凍餃子で国内トップレベルに躍進

そんななかで冷凍食品メーカーとしての大阪王将の位置は、まだ国内メーカートップ10で下位ではあるものの、冷凍餃子・水餃子に限ってみると、例えば２０２２年の段階でついに国内トップレベルに躍り出ました。テレビや雑誌など数多くのメディアで、大阪王将

創業からの売上高推移

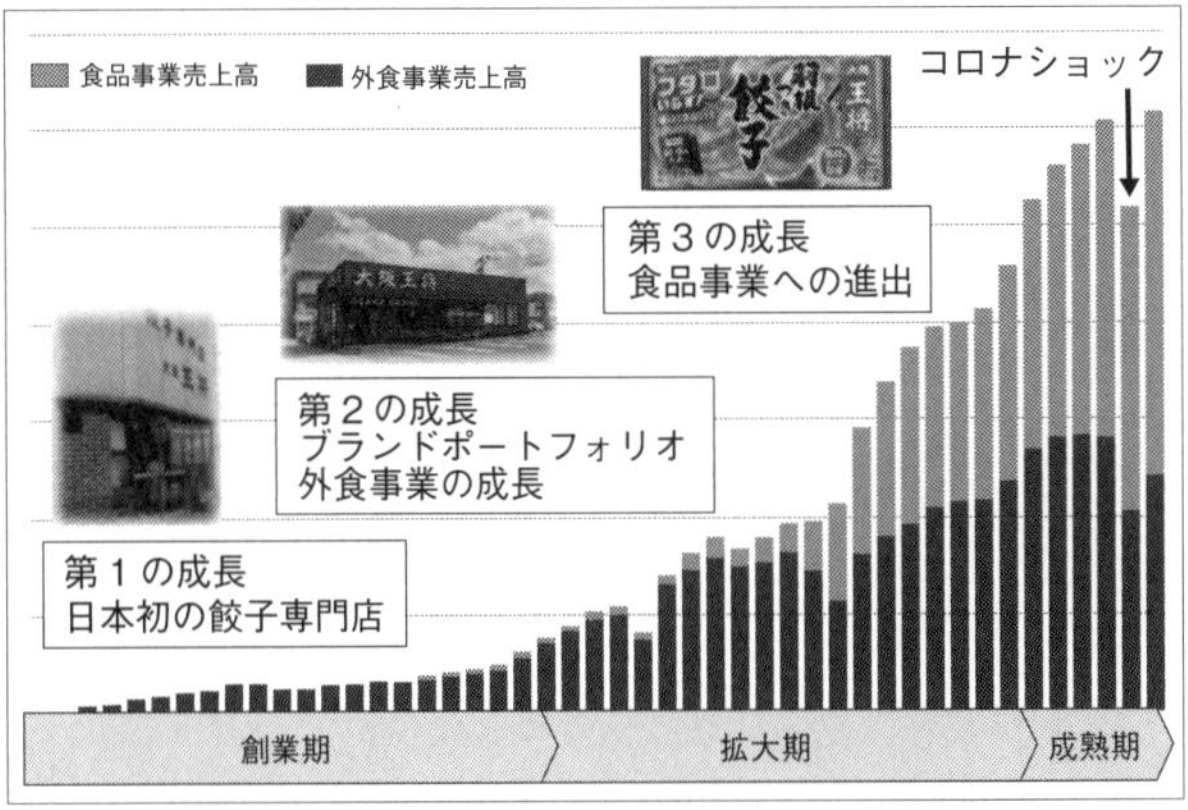

は味の素と並んで「冷凍餃子2トップ」として紹介されるまでになりました。

イートアンド全体で振り返れば、決算期変更のため11カ月決算ということもありましたが、コロナ禍のダメージで２０２１年２月期の売上は２５９億６４００万円と前期の３０３億６１００万円と比べて大きく落ち込んだものの「両輪経営」を推進したのが功を奏し、２０２２年２月期に３０８億８１００万円と早くも回復基調に転じてからは、増収増益（営業利益ベース）となっています。コロナショックによる外食事業の不振をカバーしたのはまさに両輪の１つである食品事業でした。

食品事業は２０１４年以降、基本的に前年対比で売上高をずっと伸ばし、利益率も高め続けています。一方で外食事業は収益構造の変革が今後の課題となっています。２０２３年7月の段階で売上構成比の約６割が食品事業、外食事業が４割となって、利益率も食品事業が外食事業の2倍弱です。

企業経営の視点からみれば、外食事業と食品事業を支える基盤はあくまでも食品生産です。食品生産をベースとして「両輪経営」を推進している企業は日本の上場企業ではイートアンドしかありません。ビジネスモデルにおける収益の柱はあくまでも食品生産にあり、製品の出口が外食と食品販売に分かれているだけなのです。事業戦略の本質は、ものをつくって売上をあげる点にあります。これは食に関するメーカー&ホールセール機能を兼ね備えた独創的なモデルといえます。フランチャイズチェーン店への食材提供はホールセールになります。このような独自のビジネスモデルがイートアンドの最大の強みです。

イノベーションで目指す成長

食品事業では「大阪王将　おうちで楽しむ街中華」をコンセプトに展開アイテムを増やし

ています。冷凍食品は今後、さらなるイノベーションを起こせる可能性を秘めています。
成長の可能性がある市場だけに、これから競争環境が激化すると覚悟もしています。コロナ禍を経て人々の暮らし方が変わり、その変化に対応すべくさまざまな企業が消費者の食生活に関する問題解決を行うＭＳ（Meal Solution：ミールソリューション）の一環としてＨＭＲ（Home Meal Replacement＝ホーム・ミール・リプレイスメント）に参入してきました。ＨＭＲとは家庭料理の代用品を意味し、惣菜など調理済み食品を家庭に提供するフードサービスです。

冷凍食品やレトルト食品に対するニーズが今後高まっていくのは間違いありません。このトレンドを追い風として事業を進めていくために開発部門の充実に力を入れており、スタッフの増員に加えて、産学連携の取り組みなどによる冷凍食品の進化などに取り組んでいます。

進化の一例が関東第一工場に新設した専用の製造ラインでつくられている「焼き目つき冷凍餃子」です。家庭でのレンジ調理で仕上げるにもかかわらず、従来は不可能だった「神焼き」と呼ぶにふさわしい焼き上がりを実現しました。冷凍食品でありながら店舗

で出す餃子職人の焼き方、こんがりと均一に焼き目をつける「神焼き」を再現できたのです。不可能を可能に変えたのは、レンジ加熱しても乾燥しない新たな皮素材と、蒸し工程で水分を失わない蒸し加熱装置の開発です。

冷凍食品に関しては、大阪王将の店舗で出しているメニューに限らず、いくらでも広げていける可能性があり、そのための開発体制の整備を急いでいます。

冷凍餃子の技術を応用した「R Baker」の冷凍パンもすでに生産体制の整備に取り組んでいて、2024年中には事業展開できる予定です。冷凍パンをメインプロダクトに新たなフランチャイズモデルの展開も視野に入っています。

一方の外食事業での「超える」戦略として、ロボットの導入があります。現状は可能性を探っている段階ですが、一部の外食チェーンで導入が始まっている配膳ロボットのようなものではありません。「焼き目つき冷凍餃子」のような製造工程でのイノベーションが画期的な新製品につながります。同様に外食でもイノベーションの可能性があるのは製造、つまり調理工程です。そこで調理工程の自動化を実現するため、調理ロボットのパイオニア企業との協業を開始しています。

食品事業、外食事業のいずれでも、イノベーションを追求し続け、常に「超える」を目指す「両輪経営」はこれからも変わることはありません。

外食と冷食の相乗効果「相互送客」

両輪を効率的に回して相乗効果を生む、理想形の一つが「相互送客」です。外食の店舗で食事をして満足してくれたお客様が、家でもおいしいものを食べたいからと冷凍食品で同じアイテムを買ってくれます。逆に冷凍食品を買って自宅で食べて「うまい」と感激してくれたお客様が、「じゃあ、一度お店でも食べてみよう」と来店してくれるわけです。

「相互送客」はすでに実現し始めていて、一例が北海道で展開している「SAPPORO餃子製造所」。これは食事のできる直売製造所で、店舗で楽しんだメニューをそのまま家庭でも味わえるよう冷凍食品のセットメニューを持ち帰り用に提供しています。

相互送客が実現すれば顧客層の広がりを期待できます。店舗に餃子などを食べに来るのは基本的に男性客です。一方で、冷凍食品を調理して食べるのは家庭で、多くは女性や子どもたちが食べてくれます。店舗で食べておいしいと感じた男性客は同じ味を家庭でも食

べられればうれしいし、家庭で食べておいしいと感じたお母さんや子どもたちが今度は店舗でも食べてみようかということになれば、そこには良い循環が生まれていきます。

その際強力な武器となるのが「大阪王将」ブランドです。スーパーマーケットなどの冷凍食品売り場には「大阪王将」のコーナーが設置されています。スーパーの食品売り場に単独の製品ラインブランドのコーナーが設けられるのは極めてまれなことで、大手の冷凍食品メーカーでも、そのような扱いは受けていません。

特別扱いを受けられる要因は、商品力と営業力にあります。商品力を支えているのは、タレ付き餃子に始まり羽根つき餃子へと進化させ、さらには「焼き目つき冷凍餃子」など常に新商品開発に取り組むメーカーとしての姿勢です。一方の営業力の源泉は全国の店頭を回って試食会を実施するなど、他社との差別化された訴求を地道に徹底し続けている営業スタッフの活動です。

「+&」の〝3つの矢〟その1：ECを「超える」

両輪を軸に経営を回しながら、さらなる成長戦略としてすでに取り組みを始めているの

が、新たな〝3つの矢〟となる事業領域の拡大です。具体的には「ＥＣ」「世界」「Ｍ＆Ａ」の3つの方向性でそれぞれ「超える」戦略を立てています。

まずＥＣは従来の販路を超える取り組みとして、10年前から進めてきました。具体的にはＥＣビジネスの物品販売サイトの企画と運営業務を、グループの一員であるナインブロックが担っています。ナインブロックは大阪王将公式通販サイトの運営に加えて、楽天、ヤフーショッピングなどのＥＣサイトに出店するなど販路を広げて着実に成長してきました。

現状はまだ「超える」レベルには達していないですが、単なるＥＣサイトではない取り組みとして始めたのが銘店が集うネット上のラーメン街、ラーメンに特化したオムニチャネルともいえる「ラーメンじゃーにー」です。

「ラーメンじゃーにー」は全国のラーメン銘店の店主が集まり「通販に最適なラーメンを実店舗でつくり、ネット上に出店する店舗で販売する」をコンセプトに立ち上げた新たなプラットフォームです。おいしいラーメンを楽しみたいお客様はもちろん、全国のラーメン店にとってもメリットがあり、ひいてはラーメン業界全体にとってもメリットをもたら

す、〝トリプルWin〟の仕組みです。

ラーメンファンは、距離と時間の壁を「超えて」気になる銘店のラーメンを、自宅でいつでも好きなときに楽しめるようになります。ラーメン店にとっては実店舗の立地による商圏の限界を「超えて」、全国のラーメンファンを新たな顧客として取り込めるようになり、新規出店の際の重荷となる家賃負担なども不要です。さまざまなラーメン店主が共同でプラットフォームに参加することで、個店の限界を「超えて」業界全体としてラーメンの魅力をアピールできます。

加えてこれからの経営に欠かせないサステナビリティの観点からも、このプラットフォームを活用して実践し始めているのが事業承継です。後継者難に悩んでいるのは、中華料理店に限らずラーメン店も同様です。銘店としてなじみのお客様がついているのに、後継ぎがいないために惜しまれながらも閉店せざるを得ないラーメン店のメニューを、このプラットフォームで引き継ぐことによって提供し続けていけるようにしていきます。

コロナ禍を乗り越えたいとの思いから生まれたアイデア

プラットフォームを思いついたきっかけはコロナ禍でした。緊急事態宣言の発出により、外食産業全体が大きなダメージを受けました。なかでも大打撃を受けたのが、夜間営業を主な収益源としていたのに、夜遅くまでの営業を禁じられたラーメン業界です。

一方でラーメンの持ち帰りを手がける店も出てきましたが、店で食べるようなおいしさを家庭で再現するのは至難の業です。そこで冷凍ラーメンの宅配という新たなサービスが出てきました。冷凍ラーメンの宅配が始まった、そんなニュースを聞いて新たな発想が生まれました。

ただし単に冷凍しただけのラーメンセットをネットで販売しても、決してお客様の満足は得られません。店舗で使っている麺をそのまま冷凍したものを解凍しただけでは店で食べる味を再現できないからです。麺を冷凍して届けるのであれば、そもそも店で出す麺とは考え方を変えてつくる必要があります。店で職人が腕を振る湯切りなどのプロセスなしで、最高の味わいを得られる麺をつくるべきであり、またスープも同様です。

私たちの強みは、食品メーカーとしての生産機能にあります。冷凍食品で培ってきたノウハウやスキルは、必ずラーメンにも活かせるはずと考えました。

全国のラーメン銘店の店主に声をかけ、新たなプラットフォームのコンセプトを説明して仲間を集めました。共感してくれた19店が立ち上げメンバーとして参加してくれて、それぞれが培ってきた知識と技術を惜しげもなく出し合い、そこに私たちの冷凍技術もフル活用し新たな冷凍ラーメンの開発に取り組んだのです。

その結果、湯切りする必要がなく、スープとともに湯煎するだけで完成し、それでいて同じ味と食感からなる有名店のおいしさを家庭で簡単に再現できる冷凍麺を開発しました。各店が自分の店のこだわりを活かした冷凍ラーメンを商品化し「ネット上だからオープンできたラーメンの銘店街」が誕生しました。

単なる冷凍ラーメンのネット通販とは、根本的に考え方が異なります。実際に店を構えて固定客に愛されている全国の人気ラーメン店の味を、自宅に居ながらにして、旅するように楽しめます。だから「ラーメンじゃーにー」なのです。このじゃーにーは距離だけでなく、時間も「超えて」楽しめて、今はなき銘店の味もオンライン上でなら復活させられ

るからです。

各ラーメン店同士は、リアルな商圏がかぶらない限りライバル関係とはなっていません。それよりも銘店の誉れ高い店主たちはみんな、日本独自のラーメン文化にほれ込んだという共通点があるのです。

互いをリスペクトし合えるし、ラーメン業界の行く末を案ずる同志ともなり得るのです。そのような同志を集める「ラーメンじゃーにー」は、単なるラーメンのネット通販サイトではありません。そこにはラーメンに関する各店のノウハウと独自の冷凍技術に裏付けられたモノづくりを基盤とする、新たなビジネスモデルが構築されているのです。

しかもネット上では抜きん出たラーメンモールとして存在感を発揮できるため、相乗効果による集客も期待できます。このビジネスモデルは他の製品カテゴリーに横展開する可能性も秘めています。

「全国の銘店を一堂に集めた冷凍の銘品モール」を切り口とすれば餃子やベーカリーなど展開するアイテムはいくらでも考えられます。プラットフォームとしての展開ですから、エリアを日本国内に限定する必要もありません。生産や物流などの体制整備も併せて考え

つつ、例えば台湾で「日系ラーメンじゃーにー」を展開するのも可能です。

プラットフォームとしての「ＥＣ」は、確実に新たな成長のための矢となります。

「+&」の〝3つの矢〟その2：国境を「超える」

ＥＣに続く２つ目の矢は世界、すなわち国境を「超える」展開です。グローバル展開を担当するのは、傘下のイートアンドインターナショナルであり、大阪王将をはじめとして、太陽のトマト麺、くまちゃん温泉などを中国・台湾・タイ・シンガポールで計30店舗展開しています（２０２３年11月末現在）。なかでもこれからの成長が期待される中国市場での事業推進に注力しています。

事業展開のために、中国で強固な基盤と知見を持つラオックスとの合弁会社、伊特安樂餐飲管理（上海）有限公司を設立しました。ここを拠点として中国での外食業態の設立からフランチャイズ展開、さらには食品販売も含めた事業推進に乗り出します。そういう計画のもと、上海を中心とした店舗展開にチャレンジしました。

現地出店では、持続可能な展開スタイルの確立とハイブランド化の両立を目指しまし

た。日本国内で確立されている大阪王将のイメージ「早い・うまい・安い」を海外進出にあたっては「早い・うまい・高い」ブランドへと転換します。実際にオープンした上海店は、オープンキッチンも取り入れた高級感ある内装に仕上げています。

一気に展開しようとした矢先に、ここでもコロナ禍が立ちふさがりました。中国では政府による強固なロックダウン政策が取られたために、従来の経済活動は麻痺状態に陥り、中国展開はいったん中断し、見直しを進めています。

ただ、アジアを中心とする海外事業は間違いなく、今後のさらなる成長を期待できる事業領域と位置付けているので、これからも積極的に展開していきます。

女性にターゲットを絞り込んだ新商品でアジアへ

国境を「超える」動きの一つが札幌発の一人鍋専門店「北海道めんこい鍋 くまちゃん温泉」の海外展開です。

「北海道めんこい鍋 くまちゃん温泉」とは、食物繊維とコラーゲンでくまちゃんの形に固めたダシを溶かしながら、北海道産の肉や彩り豊かな野菜をしゃぶしゃぶとして食べる一

人用の鍋料理です。「見てかわいい！　食べておいしい！」をコンセプトに開発し、食にエンターテインメントの要素を取り入れた一人鍋は女性を中心に大人気となりました。

女性に受けるかわいさは、TikTokでの動画再生の盛り上がりが示すように、日本の「かわいい」ものに敏感に反応するアジアの女性にきっと受けるはずです。海外展開のスタート地点として選んだのが香港です。香港島最大のショッピングモールに出店し、今後の海外展開を見据えた情報発信や認知拡大に取り組んでいます。

さらに韓国での店舗展開を目的として韓国で不動産事業を手がける企業とのブランドライセンス契約も締結しました。「くまちゃん温泉」は、当初からアジア進出を視野に入れたブランドとして開発しており、予想どおり海外からの出店要請が多く来ています。

日本でも「くまちゃん温泉」は、すでに予約の取れない鍋業態として定着しつつあります。日本の食文化の奥行きは深く、歴史に支えられた力には底知れない強さが秘められています。日本食の潜在能力を掘り起こし、その魅力を日本から世界へと国を「超えて」発信していきます。グローバル展開では、国内と同様のブランドポートフォリオ戦略を海外でも実践しています。

「＋＆」の〝３つの矢〟その３：世代を「超える」Ｍ＆Ａ

３つ目の矢はＭ＆Ａです。単に規模を拡大するためだけのＭ＆Ａではなく、主な目的はサステナビリティを重視したブランド承継です。売上高拡大にはブランドポートフォリオ戦略が必要ですが、むやみやたらとブランドを買い漁るような動きとは一線を画しています。

何より重視しているのは老舗ののれんです。これまで半世紀にわたり外食ビジネスに携わる中で、自らも含めてさまざまな企業や業態の浮き沈みを目のあたりにしてきました。経験から得た学びをひとことでまとめるなら「店の歴史より信じられるものはほかにない」です。歴史やストーリーを持つブランドは大切にしなければなりません。

Ｍ＆Ａの第一弾として、神奈川県を拠点に横濱たんめん発祥の店「横濱一品香」を展開する一品香を完全子会社としました。「横濱一品香」には横濱たんめんという人気メニューがあり、横浜のたんめんの元祖ともいわれています。数多くの人気メニューをもち、１９５５年創業で歴史があるにもかかわらず後継者問題を抱えていました。このブラ

ンドをなくしてはならないと考えM&Aに踏み切りました。

当初は、まず取締役として出向した鳥生に状況を把握させ、しかるべきタイミングで代表取締役を任せて、経営改革のスピードアップに取り組んでいます。鳥生が何よりも留意しているのは、外から乗り込んだ人物だからこそこれまでの一品香の文化を尊重し、そのうえで今後の成長を考えたときに足りないものを補っていく、つまり「+&」を考えるスタンスです。

M&Aでありながらも譲渡先企業の歴史の重みをリスペクトし、ブランドを支える文化を大切にする。この承継する精神が一品香の人たちの共感を呼び、保守的だった組織が前向きにチャレンジする集団へと変わっていきました。

そのうえで、広報チームが全面的な支援に入り、大々的なプロモーションを展開しました。その結果、それまで250人程度だった1日の平均来客数が3倍強となる800人余りまで伸びました。

M&Aを進めていくうえで推進力となるのは、可能な限り早い段階で成功体験を実感してもらうことです。「なるほど、こうすればうまくいくのか」と納得し信頼してもらえ

れば新しい方向に一気に動き出せます。その動きを追い風とし、横濱一品香としては路面型店舗では33年ぶりの新店「青葉台店」もオープンしています。オンラインショップもリニューアルしてメニューのバリエーションを拡充し、「あたためるだけ」の商品だけではなく、オリジナルレシピとともに使用する食材までをセットにしたミールキットも発売していきます。

一連の動きは、イートアンドの基盤となる食品生産の拡大につながります。「ＥＣ」、「国外」、「Ｍ＆Ａ」の〝3つの矢〟を両輪に加えた新たなビジネスモデルで不断の成長に取り組んでいるのです。

多様な人材の才能の〝スパーク〟が「超える」力に

横濱一品香の再生を任せた鳥生は、もともとアルバイトとして「よってこや」の新規開店のサポートを務めてくれていました。彼には一品香の社長のほか「ラーメンじゃーにー」サイトの責任者も任せています。

海外展開を担うイートアンドインターナショナル 代表取締役社長を務める前川は、元は

料理人で、大阪の本社工場の管理を経て、関東工場の立ち上げに携わり、北海道工場へと移りました。そこで「ＳＡＰＰＯＲＯ餃子製造所」を立ち上げ、さらに「北海道めんこい鍋 くまちゃん温泉」を開発し、海外店舗の運営に携わっています。

イートアンドの関東工場で新商品開発に携わってくれているのは、製パン企業などからのキャリア採用組です。「両輪経営」の食品事業を支えているのも中途入社のメンバーです。ブランドポートフォリオを展開する中で、多彩な人材に恵まれたおかげで成長してきました。

転職してきた社員は、みんなそれぞれに異なる価値観と視点をもっています。だから議論をしている中で自分とは違う「ふとした気づき」が生まれ、「ちょっとした工夫」を思いつく。常に気をつけていたのが、このような「ふとした気づき」と「ちょっとした工夫」をためらいなく表に出せる空気感の醸成です。

前向きな、つまりお客様のためになるアイデアなら、まずやってみればいいのです。仮にうまく行かなかったとしても、そこからの学びは必ずあるはずで、思っただけで何もしないままでいるのと比べれば、将来はまったく変わってきます。ときには意見が異なり、

衝突することもありえます。そんな衝突もあえて止めず、そこから何を生み出せるかと考えることが大事なのです。

〝食のシンクタンク〟設立構想

今後の展開として考えているのが、シンクタンクの創設です。飲食マーケットでは、これまでにも数多くの店舗再生ビジネスが立ち上げられてきました。あるいは飲食ビジネスで独立を目指す人や事業拡大を望む飲食店のチェーン化を支援するビジネスもあります。

飲食業は典型的な労働集約型産業と考えられがちです。あるいは昔ながらの職人の技によって業績が左右される、右脳型のビジネスともとらえられてきました。確かに料理の腕に関しては、これまで天才と呼ぶにふさわしい人材がいくらでも出てきました。けれども、そんな人がビジネスとして飲食業を大きく展開できているかといえばそれは極めて稀《まれ》です。料理は感性が求められるけれども経営には理性が必要だからです。

ともあれ今後取り組みたいのは、まずは食品メーカーとして日本の産業に貢献することです。そのうえで半世紀にわたって身につけてきたナレッジを活かして、フードビジネス

を支援する食の総合シンクタンクを設立し、食品産業全体を盛り上げていきたいのです。

「＋＆」の理念を付加価値の創出により実現するシンクタンクを、なんとしても創設したいと考えています。

「超える」経営コラム5

▼「＋&」の理念を徹底してイノベーション創出へ／陶山計介

イノベーションは、一般に「革新」「刷新」などといわれますが、その本質は循環・静態・均衡ではなく、発展・動態・軌道変更をもたらすことにあります。「郵便馬車をいくらつないでも決して鉄道にはならない」のです。20世紀前半の経済学者J・A・シュンペーターは『経済発展の理論』で、企業家の行うイノベーションが経済を発展させる原動力であるという理論を提唱しました。そこでは「新結合」、すなわち、①新しい財の導入（消費者に知られていない財、新しい品質の財）、②新しい生産方法の導入（科学的発見や商業・取引面における新しい方法）、③新市場の開拓（新規市場または既存市場）、④原材料や半製品の新しい供給源の獲得（既存または新規のもの）、⑤新しい組織の実現（独占的地位の形成や打破）、のいずれかが必要になります。

そしてこのイノベーションには、C・M・クリステンセンによると、従来製品の改良を

進める「持続的イノベーション」と、従来製品の価値を破壊するかもしれないがまったく新しい価値を生み出す「破壊的イノベーション」の2タイプがあります（『イノベーションのジレンマ』）。いずれにせよ重要なのは、企業による競争優位の獲得が社会に広く行き渡り変革を起こすことです。

２０２１年11月、イートアンドは企業理念の上位概念として「パーパス」、すなわち「食を通じて、持続可能な社会の実現に貢献し、＋&の発想で、ワクワクする未来を生み出し続けます。」を設定しました。また「おなかいっぱいの幸せと。」という理念のもと、「＋&」の発想で、さまざまな食のシーンに人生の彩りや健やかな笑顔を生み出す「食のライフプランニングカンパニー」を目指すことを宣言しています。

この「＋&」の理念をふまえて、イートアンドは付加価値の創出によるビジネスモデル・イノベーションを目指していますが、それは「ビジネスの5次元」に示されています。すなわちビジネスの広がりと差別化を実現する3つの次元としての顧客層（ＷＨＯ：消費者、地域住民、株主、従業員などのステークホルダー）、顧客機能（ＷＨＡＴ：豊かさ、自信や誇り、躍動感、安心、信頼、感動、あこがれ）、技術（ＨＯＷ：モノ＋コト＋

トキ＋コミュニケーション・ストーリー）をふまえながら（Ｄ・Ｆ・エーベル『事業の定義』）、そのうえで食に関わる体験とシーンを提供する主体（ＢＹ：製品・サービスを提供するのは誰か）、目的（ＷＨＹ：なぜその製品・サービスを提供するのか）を「＋＆」の要素として設定してイノベーションを進めようとしています。

　コロナ禍によってホーム・ミール・リプレイスメント（家庭料理の代用品）という考え方が普及しましたが、「大阪王将」の店頭での惣菜や調理済み食品のテイクアウト、イートアンドフーズが展開する、より簡便かつ楽しく遊び心のある半調理の冷凍食品がミール・ソリューションにも求められています。

　外食事業と食品事業の両輪をうまく回すことによって、外食と内食の間に位置する中食ニーズにも臨機応変に対応できると考えられます。単なる食事や食品の提供ではなく、常にミール・ソリューション、つまり食の解決策を提案するという姿勢がイノベーションにつながっていくのです。

　進化の一例が「焼き目つき冷凍餃子」です。家庭でのレンジ調理で仕上げるにもかかわらず、従来は不可能だった「神焼き」、冷凍食品でありながら店舗で出す餃子職人の焼き

方、こんがりと均一に焼き目をつける焼き上がりを再現しました。不可能を可能に変えたのは、レンジ加熱しても乾燥しない新たな皮素材と、蒸し工程で水分を失わない蒸し加熱装置の開発です。

現在、イートアンドは中期3カ年経営計画に基づき、ビジネスの5次元を実現する方向性として「＋&」の〝3つの矢〟に取り組んでいます。その1の矢が単なるECを「超える」OMO（Online Merges with Offline）、すなわちネットとリアルの融合を目指し、その2の矢は国境を「超える」グローバル展開であり、中華圏や韓国などアジアへの展開を加速させていきます。そしてその3の矢が、世代を「超える」サステナビリティであり、具体的な展開としてはまず既存の老舗ブランドの承継によるブランドポートフォリオの拡充を進めています。「＋&」の理念をさらに徹底してイノベーションの創出が期待されるところです。

［第6章］

「超え続ける」ことで100年企業への道が見えてくる

「ふとした気づき」と「ちょっとした工夫」、「+&」の発想

これまでずっと、ブランドポートフォリオ戦略を積極的に推進してきました。マーケティングの理論に従って、まずターゲットを設定し、ポジショニングを吟味したうえで新たなブランドを展開しようと動いてきました。ただし実際にセオリーどおりの展開となったケースはそれほど多くありません。

理論的な筋道はひととおり押さえています。理論を踏まえたうえで重視してきたのが「ふとした気づき」、「ちょっとした工夫」です。

例えば「中華料理をコースで、とはいえカジュアルに楽しんでもらえたら、お客様に喜んでもらえるのではないか」との気づき、これを工夫して生まれたブランドが「シノワーズ厨花」です。

マーケティング理論やそれに基づくリサーチなどを否定するわけではまったくありません。そうした理論や定石、さらに分析結果を踏まえて考え、現実と照らし合わせてみることで新たな知見が生まれるのです。

イートアンドの目指す「ループ」

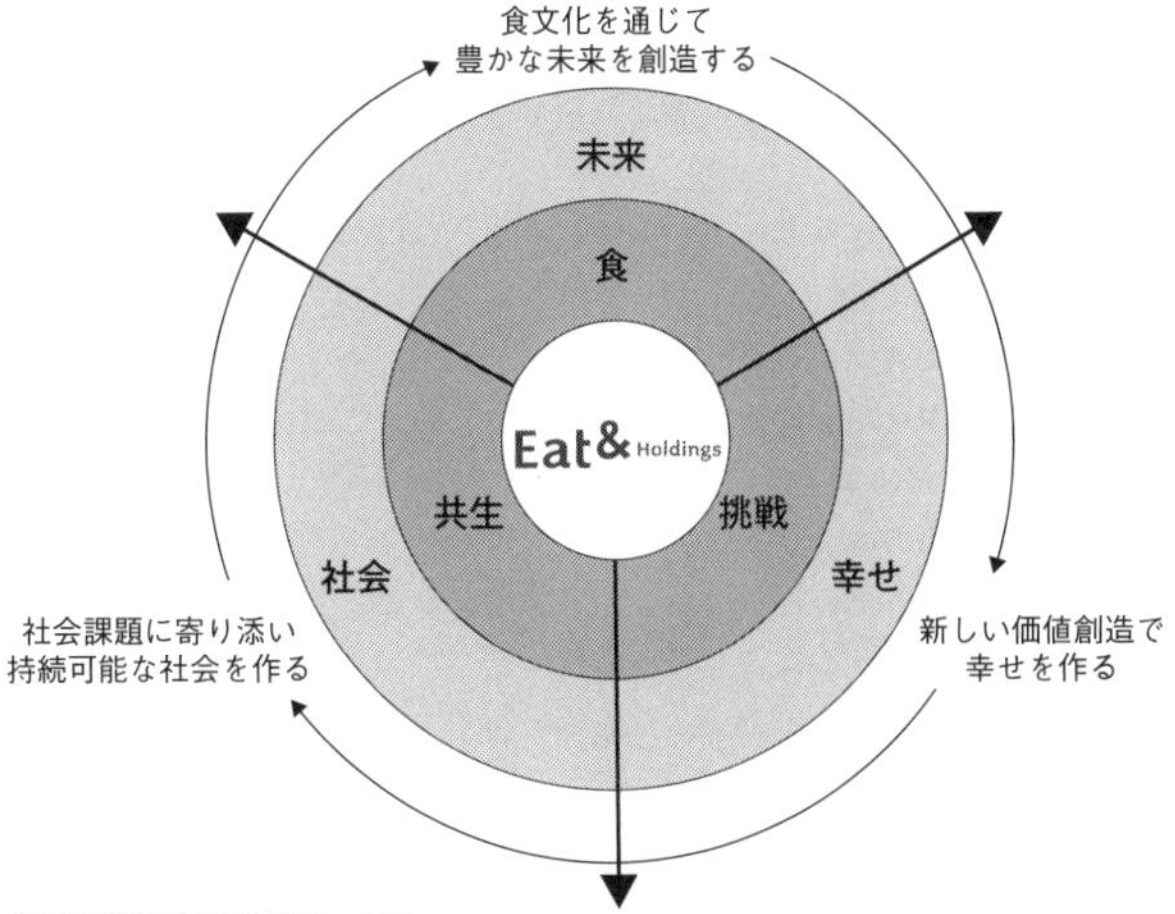

© EAT&HOLDINGS Co.,Ltd.

例えば羽根つき餃子の開発の際も、開発スタッフの間で「一人暮らしの独身男性が、家で自炊するときに何に困っているだろうか」などとまずテーマを設定し仮説と検証を何度も繰り返していきました。その蓄積があったからこそ、スタッフは男性社員のひとことを聞き逃さなかったのです。

加えて企業の存在目的である「パーパス」を理解し、ビジョンとミッションを示した「ミッションステートメント」、行動指針である「10 Spirits」を実践することで、常に自分事としての「+&」の発想へとつながっていきます。一連

イートアンドグループの「10 Spirits」

・その気になれ、夢は必ず叶えられる
・問題はできるかどうかではなく、やるかどうかである
・ピンチのあとには、より強い自分が待っている
・くやしいを次のエネルギーにかえられるくらいのタフであれ
・「働かされている」のではない「自ら働いている」のだ、当然仕事への魂の込め方が違ってくる
・競争が厳しいのは当たり前、競争に勝つことがプロの仕事だと思え
・ビジネスにおける不変の法則、＜言葉＞＜説明＞＜約束＞ ものを言うのは実績のみ
・言い訳はやさしい、しかしそこには進歩はない
・大事をなす人は小事も決して怠らない
・組織を活かし組織を動かすのは人間である

の考え方がしっかりと定着しているからこそ、「ふとした気づき」と「ちょっとした工夫」に恵まれるのです。

パーパスなどについては、書いたものをただ渡して「読んでおくように」と指示するだけでは身につきません。「10 Spirits」についてなら、どれが最も好きかと考えてもらいます。

最も好きなものを選ぶためには当然、10個の項目すべてについて「これは好き、これはそれほどでもない、その理由はなんだろう」と自問自答を繰り返さなければなりません。そのスタンスは「言われたからやる」のではなく「自分はどう考えるんだろう」と前向きに、興味をもって取り組むものです。

基本的な考え方が根づいていると、「気づき」がうまれやすくなり、「工夫」を思いつけるようになります。パーパス、ビジョン、ミッションを唱和するのも同じような意味があります。唱和しているうちにいつの間にか自分事になるのです。

言葉に徹底してこだわり続けた結果、以前の「おなかいっぱいの幸せを」を「おなかいっぱいの幸せと。」に変えました。「を」を「と」に変える、ささいな変化のように見えますが、「と」には「&」の意味も込めています。社名がイートアンドだから「を」ではなく「と」でなければならないのです。

インターナルブランディングへの挑戦

言葉の浸透とは、社員に対する理念の浸透を意味します。その際には「インターナルブランディング」の考え方を大切にしています。

インターナルブランディングとは「仕事や業務がブランドと関連性のあることを、社内コミュニケーションを通して社員に伝え、社員の行動様式を企業ブランドと一気通貫させていくこと」（陶山計介・伊藤佳代著『インターナルブランディング』）です。この考え方

を重要な経営戦略や人材開発戦略として受け止めて実践しています。

実践するにはパーパス、ビジョン、ミッション、バリューをグループ各社で自分事化していく必要があります。そのため各社から一人ずつ「伝道師」としてスタッフを選抜して日々活動しています。ときには伝道師たちが集まって活発な議論を交わし、そこで得たものを各社に持ち帰って伝えています。

イートアンドの現在の一連の活動と深く関わっているのが、サステナビリティです。パーパスには「食を通じて、持続可能な社会の実現に貢献し、＋＆の発想で、ワクワクする未来を生み出し続けます」と記しました。実現するためにさまざまな項目をピックアップし、事業への貢献度と社会への影響度を横軸・縦軸としてマッピングして、検討を重ねました。役員全員で合計50時間を超える議論を繰り返した結果、最終的には7つのマテリアリティ（重要課題）に絞り込んでいます。すなわち、①食品ロス削減、②温室効果ガス削減、③地域との共生、④ダイバーシティ、⑤健康経営、⑥理念の浸透、⑦グループ経営です。このマテリアリティに基づいて策定したのが「サステナビリティ基本方針」です。

Ｅａｔ＋＆の幸せを次の世代へ。
「地球環境」「地域社会」「人とのつながり」を大切にし、
すべてのステークホルダーの幸福につながる
持続可能な社会の実現を目指す。

この基本方針に基づいて「環境」「社会」「ガバナンス」と３つの視点から、改めて先の７つの重点取り組みテーマを分類しました。
環境：食品ロス削減、温室効果ガス削減
社会：地域との共生、ダイバーシティ、健康経営
ガバナンス：理念の浸透、グループ経営

そのうえで各テーマに沿って７つの分科会を設け、各社から選抜されたネクストリーダーを各分科会のトップとしています。ネクストリーダーはいずれも若手で、サステナビリティ活動の推進を任せています。

もはやトップダウンだけでものごとを進める状況ではありません。いまだにトップダウンでものごとが動いている組織は極めて危ないともいえます。

サステナビリティの取り組みとは「次の世代へ」とつなげていくための活動です。だから次の世代を任せる人たちがブランド戦略をふまえて会社をリードし、変革していく流れを生み出していくべきです。

その際、とても心強いのはそんなムーブメントが生まれ、またそれを待ち望む空気感がイートアンドグループ内に醸成されつつあることです。インターナルブランディングが着実に浸透しているという手応えを感じています。このムーブメントをさらに強力に推進していくことが重要です。

7つの分科会を引っ張る7人のリーダー

サステナビリティの重要課題の検討には、時間をかけて議論を尽くしました。それほどまでに議論を重ねた理由は「持続可能性」を突き詰めようと思ったからです。

最近は「利他」が大切だと、よくいわれるようになりました。けれども企業である限

り、単なる「利他」だけでは持続可能とはなり得ません。自分たちの事業の成長を大前提としながら、持続可能であり、それが社会にとってのメリットにもつながらなければ意味がありません。これこそがよくいわれる「三方よし」の考え方であり、その理想像をいっさい妥協せずに考え抜きました。

このようなプロセスを経て立ち上げた７つの分科会ですから、そのまとめ役として選ばれた人材は、分科会のテーマをまさに自分事として取り組めるネクストリーダーたちです。

「食品ロス削減」チームでリーダーを務めているのは、イートアンドフーズで生産監修を担当している執行役員の桝沢 輝です。彼は食品ロスを削減するため、食品残渣《ざんさ》をマネタイズする方法を考えました。食品ロスの削減により社会にメリットをもたらすと同時に、もちろん自社もメリットを享受できます。

サステナビリティの取り組み事例の一つ、「温室効果ガス削減」（チームリーダーはイートアンドフーズ 工場長の中川研吾）では、まず関東第二・第三工場の屋根に設置した太陽光パネルの導入があります。１３６９枚の太陽光パネルは1年間に使用される電力の約

10％に相当する電力をまかなうことで、約280トンのCO_2削減にもつなげました。

ほかにも自然冷媒の冷凍設備の導入なども進めており、温室効果ガスの削減にグループ全体で取り組んでいます。

全国で始まる地域との共生

「地域との共生」（チームリーダーは大阪王将 取締役執行役員の林 淳司）については、例えば離島振興地方創生協会の活動支援を通じて、離島で育った食材の活用に取り組んでいます。一例が、長崎県の五島列島での海水を炊き上げてつくられた塩をつかったプレミアム餃子です。これは株主優待の限定商品としてつくりました。餃子の餡に、長崎県五島列島の銘品「矢堅目の塩」を使っています。この「矢堅目の塩」は海水4トンから、わずかに40kgしかとれないプレミアムな塩です。手間ひまかけて手づくりされたこの塩は、餃子の餡にジューシーさを生み素材のうま味を引き出してくれました。

地域との共生チームで行っているのが「子どもたちへ餃子を届けよう」プロジェクトです。子どもたちに「おなかいっぱいの幸せと。」を届けたいとの思いからスタートした同

関東第二・第三工場の屋根に設置した太陽光パネル

プロジェクトでは、全国の児童養護施設を訪ねて、「餃子巻き体験を通した食育」に取り組んでいます。

食育には大阪王将の餃子の具と皮を持参して、店舗での餃子の巻き方を体験してもらいます。加えて工場で餃子を製造している様子を、映像で学びます。自分たちでつくったおいしい餃子をおなかいっぱい食べて幸せになってもらいながら、「＋＆」として「学び」も得られるプロジェクトは、すでに全国で30以上の施設で実施されており、今後も継続していきます。

少し毛色の違う地域共生の取り組みが「大阪王将が勝手に地域共生」です。例えば、２０２２年秋に発売した「旨すぎて国宝級！

勝手にお宝めし認定　始まりの肉チャーハン」は、静岡県東伊豆で長年愛されてきたソウルフードを参考に生み出されました。この「国宝級お宝めしシリーズ」は、その後も岡山や高知、もちろん大阪などの地域で愛される食を、期間限定で提供しました。

日本には知らないうちに失われつつある食文化がいくつもあります。おいしいのにその味を次代へとつなぐ人がいなかったり、時代の変化のなかでいつのまにか食べられなくなったりしています。

昔からその地域で伝えられてきた大切な食文化を何とか守って未来へとつないでいくのも大切な地域共生です。「食べる　つながる　めし文化」を合言葉に、42種類の中華そばを一気に上市した「42都道府県この街の中華そば」など、地域の食文化の啓蒙と承継を意図した商品を開発・販売しています。また、冷凍食品でも「なにわシリーズ」などの展開も進めています。

ご当地で愛されてきた食文化を未来につなげていくのは、私たちの重要なミッションであり、地域の銘店の事業承継にもつながる活動です。

ワンセットで考える健康経営とダイバーシティ

私たちは重点取り組みテーマとして「健康経営」（チームリーダーはイートアンドフーズ 市販西日本営業部部長の松間俊範）を掲げているので、健康企業宣言制度に参加し健康優良企業「銀の認定」を取得しています（健銀第１８９２号）。

取得に際しては、そのための万全の体制を整備してきました。部署を横断する形でプロジェクトチームを立ち上げ、①健診結果の活用、②健康づくりのための環境整備、③食、④運動、⑤禁煙、⑥心の健康、と６つの項目について、職場の健康づくりと環境整備の取り組みを実施しています。

具体的な施策としては、健康アプリを導入して社員の毎日の食事・運動・睡眠などの状況を把握し、健康イベントへの参加を促すほか、社内ＳＮＳで健康関連の投稿を増やして健康意識の向上に努めています。

これだけなら特筆すべき話ではありません。健康経営をダイバーシティ（チームリーダーはイートアンドＨＤ 人事総務部 ゼネラルマネジャーの衣川慎也）とセットで考えて

いるのが特長だととらえています。

関東工場では、インドネシアやベトナムなど多様な国々からの技能実習生を受け入れています。3年間にわたって技能や技術はもとより、日本語も学びながら実習に取り組んでもらっています。

そんな実習生の教育担当者は、彼らに対してプロフェッショナリズムとおもてなしの教育を徹底しています。プロフェッショナリズムを身につけてもらうために、技能実習生だからといって特別視したり甘やかしたりはいっさいしません。シビアなプロセスをやり遂げれば、成果として母国に戻ったときにプロとして認められることになるというのが、イートアンドの考えるプロフェッショナリズムです。

一方では、3年間も母国を離れる実習生に対するおもてなしも欠かさないよう心がけています。毎月のように誕生会を開いて全員で楽しんでいます。加えておもてなしの一環として、実習生の健康にも最大限の配慮を忘れてはいません。

ダイバーシティにも健康経営を「＋&」するのがイートアンドらしさだと考えています。

ほかにもインターナルブランディングの本丸である「理念の浸透」分科会（チームリーダーはイートアンドフーズ 執行役員の野村壮太）や、イートアンド全体のガバナンスを考える「グループ経営」（チームリーダーはイートアンドＨＤ 経営戦略部ゼネラルマネジャーの林 晋平）があり、精力的に活動しています。

サステナビリティからつながる「１００年企業」への道

２０１１年に大阪証券取引所ジャスダック市場に上場し、東京証券取引所市場第二部を経て同第一部に指定され、２０２２年に東京証券取引所プライム市場へと移行しています。

創業以来半世紀が過ぎた今、次に見据えているのは２０６９年に迎える創業１００年です。その時の経営会議は、どんな景色なのか――性別や国籍の垣根はもちろんなく、宇宙拠点とのリモートかもしれない。食の定義そのものが変わっているかもしれない。そこでどんな議論が交わされているのか、どんな「＋＆」のアイデアが飛び交うのか――想像するだけでほんとうにワクワクしてきます。

サステナビリティを実現できるよう、私たちなりにさまざまに思いを巡らしながら考え抜き実行してきました。ここまでやってこられた理由を考えると、大きく2つあります。一つは常に「超える」べき目標があったこと、そしてもう一つは、それを「超える」ための努力を続け、結果的に「超え続け」られたことです。

「超える」経営コラム6

▼サステナビリティ社会に向けたインターナルブランディング／伊藤佳代

コロナ禍、ウクライナやガザでの紛争などの一方、地球温暖化や気候変動など未曽有の社会の変化により、価値観やライフスタイルも大きく変容していく中、出口の見えない閉塞状況で経済や社会を元気にするためには、「技術」、「モノ」、「カネ」、「情報」と並んで「ヒト」の力が欠かせません。社会に活力をもたらし、自ら成長していくために企業の経営者や従業員は何を考え、いかに行動すべきか、「ヒト（人材）」のもつ無限の可能性や潜在能力を発揮するためには、どうすればよいかが問われています。

ブランドはかけがえのない資産であり、企業内外のあらゆるステークホルダーとの約束であり、社会への責任でもあります。ポジティブなイメージのもつ魅力、それは人や社会を豊かにし、自信や誇りを与え、躍動させます。安心、信頼、感動とあこがれ、これがブランドのもつパワーです。特にBrand5.0、ブランドの絆・コミュニティ価値

（community value）への期待がますます高まっています。製品・サービスや企業、店舗と顧客や消費者、株主、地域・社会などのエクスターナルステークホルダーとの一体感・絆・エンゲージメントの形成によるファンづくり、パートナーシップの構築はエクスターナルブランディングの課題です。

それに対して企業にとって価値の源泉であるヒト、すなわち、経営者・管理職・従業員（インターナルステークホルダー）に向けた強く、好ましく、ユニークなコーポレートブランド構築のブランディングがインターナルブランディングです。それは次のように定義されます。

「インターナルブランディングとは、支援的・協力的な企業文化のもと、ブランド理念をすべての中核に据え、ブランドを中心にリーダーシップ、ＨＲＭ（人的資源管理）、コミュニケーションやコミュニティを取り入れて、社員だけでなく社会に及ぶまでの複数のステークホルダーとともに普遍的な企業のブランド共創を継続的に行い、成長していくための社会的意義のある経営戦略である」（陶山計介・伊藤佳代著『インターナルブランディング』）。

インターナルブランディングの成功なくして、エクスターナルブランディングを含めた企業全体のブランディングの成功や、強い企業ブランドの構築は成し得ません。インターナルブランディングは単なる人事管理やマーケティングではなく、今、まさに取り組まなければならない経営戦略にほかなりません。

インターナルブランディングの実装においては5つの要素、ツールがあります。それらは、①ブランド理念、②ブランドリーダーシップ、③インターナルブランド・コミュニケーション、④インターナルブランド・コミュニティ、⑤ブランド主導型のＨＲＭ（人的資源管理）です。

イートアンドＨＤでは、核となるブランド理念は、「おなかいっぱいの幸せと。」、パーパスは、「食を通じて、持続可能な社会の実現に貢献し、＋＆の発想で、ワクワクする未来を生み出し続けます。」、ミッションは「全てのステークホルダーの幸福を創造します。」、ビジョンは「食シーンに、新しい価値を生み出す。」となっています。インターナルブランディングを通じて従業員がこれらを「自分事」化、ブランド体現（Living Brand）し、ブランドプロミスを顧客に伝える重要な役割を担うのです。そこには「10 Spirits」とい

う理念やパーパスをより具体化した行動規範もあり、従業員はブランドエヴァンジェリスト（ブランドの伝道師）、さらにはブランドチャンピオンとなるのです。

イートアンドでは、社会的課題の解決として、サステナビリティについても取り組んでいます。理念の浸透やガバナンスについてなど7つの委員会を設置し、ネクストリーダーたちを各委員会のトップに据え、若手にサステナビリティの推進を任せるといった施策により、理念を次世代につなぎ、自社のブランド価値を顧客や消費者をはじめとする社内外のステークホルダーに主体的に伝達するような工夫もなされています。

大阪王将、イートアンドの事業＝ブランド戦略は、第1に、事業＝ブランドコンセプトが確立され、顧客への約束ごとが明確である、第2に、従業員がその約束ごとを共有できていること、第3に、従業員が現場でそれに基づいた行動が自主的にできていることです。大阪王将の創業当初から取り組んできたブランドポートフォリオとダイバーシティを重視する人材戦略が実を結んだとき、これまで成長を牽引《けんいん》してきた文野会長、仲田社長をはじめとする現在の役員クラスの第一世代から中堅・若手の第二世代へのバトンタッチが成功し、彼らが未来を切り拓く大きな原動力となってイートアンドは「超え続ける」企業となるのです。

イートアンドのブランド戦略

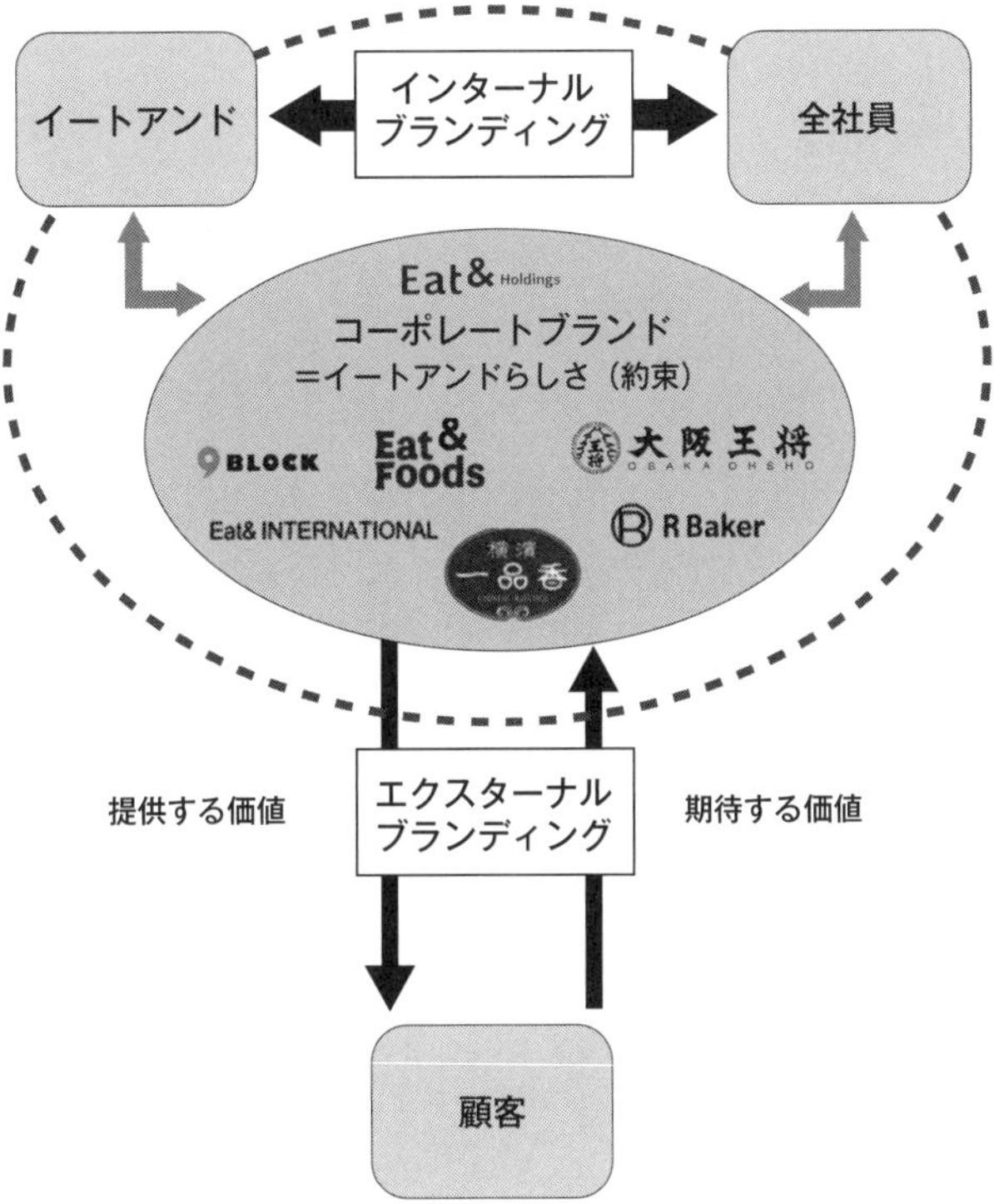

おわりに

最後まで読んでいただきありがとうございます。本書では、大阪王将、イートアンドを取り上げ、主に飲食業や食品産業を題材としながらもそれだけにとどまらず、さまざまな業種や業態において起業から企業として成長していくための経営戦略論、ブランド戦略論、マーケティング戦略論、人材戦略論などについて考察を加えています。

ベンチャーやスタートアップについてはアントレプレナーシップや企業家精神が重要であるとよく言われますが、「これはいける、ビジネスになる」と思いついたアイデアをもとに、徒手空拳に近い状態で事業を立ち上げるのが起業の実際のところかもしれません。起業したものの、そこからビジネスをどのように成長させていけばよいのか。リスクを回避しながら事業を継続し成長させていくのは、決して容易なことではありません。本書には、起業した事業が継続し成長するためのヒントが多く含まれています。

何のために事業をやるのか（Why）。お客様が誰で（Who）、いかなる価値（What）をどのような方法で提供するのか（How）、創業や事業の展開のタイミング（When）、そ

れらを新規ビジネスとして定義するとともに、ブランド戦略を通じてコミュニケーションをしていくなかで競争優位を構築していくことが重要です。大阪王将、イートアンドの歴史を振り返ると、現状で満足せずに次の展開へと「超えて」いく姿勢を崩さないこと、困難や危機に直面した際にそれらのハードルを着実に「超える」こと、そして限界を定めずに自分自身をも「超え続けて」いくことが欠かせません。そしてこれこそが大阪王将、イートアンドの歴史であったということが理解できるのではないでしょうか。

企業は人なりです。大阪王将、イートアンドはいつも新たな人材を招き、彼ら・彼女らが持っている能力を発揮する受け皿として事業やブランドを広げていきました。招き入れた人材が思う存分に活躍できるような「場」を用意しました。自分たちが決して〝ガリバー〟などではないことを踏まえたうえで、雑草のようにしぶとく生き残るすべを模索し続けてきました。主力となる事業を外食事業だけではなく食品事業との両輪で展開し、リスクに対応しながらシナジー効果を発揮できる体制も整えてきました。このような「両輪経営」は「両利きの経営」にも通じるものです。そしてそれはどのような業種、業態にも通用する要諦です。

大阪王将、イートアンドは現在、長期ビジョン「Eat ＆チャレンジ２０３０」を策定して、サステナブルな社会を目指しながら会社創立60周年、さらにその先の１００周年に向けて新たな段階へと乗り出しています。次世代を担う若きブランド・リーダーによる「＋＆」の〝３つの矢〟。３つの「超える」がその中核に位置づけられています。

エピソードを１つ紹介します。大阪王将枚方市駅店が駅ビルの全面改装のため２０２２年９月30日に閉店しました。28年の歴史があった店舗です。長きにわたり愛されてきたとはいえ、再開発に伴っての閉店です。新しく建設されるスタイリッシュな商業施設に、大阪王将が再び入居できるとは限りません。

ところが京阪電鉄の関係者が閉店セールのときにできた、見たこともないような行列を目の当たりにし考えを変えたといいます。これほどまでに、地域の人に愛されているお店は残さなければならないと方針を変えたのです。

20代のある女性の投書には次のようにありました。

「閉店されると聞き驚きです。私が生まれた年に創業されて、学生時代にはよく食べに

行っていました。餃子食べ放題も大好きでテストの日等早く学校が終わる日は絶対に友達と行っておりました。その友達と今年11月に遊ぶ約束が出来て久々に行く約束をしていて、それもあり閉店は非常に悲しいです。……（中略）……とても思い入れのあるお店です。いつか戻ってきてくれる日を願います。幸せな思い出をありがとうございました」

お客様の「思い出」とともに歩む店舗や会社。誰のために、何のために、ビジネスを行うのか。企業の存在意義とは何か、その原点をこの投書は教えてくれています。

本書に記されているのは大阪王将、イートアンドが紆《う》余《よ》曲折はありながらも歩んできた軌跡です。本書がこれからの日本を支え、そこにおいて企業が果たすべき役割を考え、これから起業を目指す方々にとってはもちろん、経営者や管理職、従業員の皆さんにとっていくらかでも参考になれば望外の喜びです。

刊行にあたっては、文野直樹会長、仲田浩康社長、植月 剛常務をはじめ大阪王将、イートアンドの経営幹部13人に10回、延べ２００時間以上のインタビュー、また関東工場、大阪王将やアールベイカーなどの店舗の視察を陶山と伊藤で行いました。ご多忙のなか、そ

の準備をはじめ本書刊行に向けた企画を推進いただいたイートアンドＨＤ　マーケティング戦略部ゼネラルマネジャーの松本吉浩氏、幻冬舎メディアコンサルティング編集担当のみなさまには格別の感謝を申し上げます。また、本書の企画への協力を得た一般社団法人ブランド戦略経営研究所にも感謝申し上げます。

陶山計介

伊藤佳代

※文中に登場する人物の役職は２０２４年１月時点のものです。

文野直樹（ふみの　なおき）
高校1年のときから店長代理として大阪王将の現場で働く。1985年、25歳で父の跡を継ぎ社長に就任。以降、大阪王将を全国チェーンに発展させただけでなく、冷凍食品事業へ参入。食品と外食の両輪を活かしたビジネスモデルで、ヒット商品を創出し続ける食のライフプランニングカンパニーを目指している。

陶山計介（すやま　けいすけ）
一般社団法人ブランド戦略経営研究所理事長、関西大学名誉教授。京都大学博士（経済学）。日本商業学会元会長。専門はブランド・マーケティング論。主著に『マーケティング戦略と需給斉合』（中央経済社）、『インターナルブランディング』（共著、中央経済社）など。日本におけるブランド研究のパイオニアであり第一人者。

伊藤佳代（いとう　かよ）
社会保険労務士法人ソーケム代表社員。特定社会保険労務士。立命館大学国際関係学部卒業、関西大学大学院商学研究科博士課程前期課程修了（商学修士）。長崎県立大学非常勤講師など。著書に『インターナルブランディング』（共著、中央経済社）、『地域創生と観光』（共著、千倉書房）など。人材マネジメントのエキスパート。

本書についての
ご意見・ご感想はコチラ

大阪王将の「超える」経営

二〇二四年二月二九日　第一刷発行

著　者　文野直樹　陶山計介
執筆協力　伊藤佳代
発行人　久保田貴幸
発行元　株式会社　幻冬舎メディアコンサルティング
〒一五一-〇〇五一　東京都渋谷区千駄ヶ谷四-九-七
電話　〇三-五四一一-六四四〇（編集）
発売元　株式会社　幻冬舎
〒一五一-〇〇五一　東京都渋谷区千駄ヶ谷四-九-七
電話　〇三-五四一一-六二二二（営業）
印刷・製本　中央精版印刷株式会社
装　丁　弓田和則

検印廃止

Printed in Japan　ISBN 978-4-344-94738-2　C0034
幻冬舎メディアコンサルティングHP　https://www.gentosha-mc.com/